Gerechter Frieden

AF600761

Reihe herausgegeben von
I.-J. Werkner, Heidelberg, Deutschland
S. Jäger, Heidelberg, Deutschland

„Si vis pacem para pacem“ (Wenn du den Frieden willst, bereite den Frieden vor.) – unter dieser Maxime steht das Leitbild des gerechten Friedens, das in Deutschland, aber auch in großen Teilen der ökumenischen Bewegung weltweit als friedensethischer Konsens gelten kann. Damit verbunden ist ein Perspektivenwechsel: Nicht mehr der Krieg, sondern der Frieden steht im Fokus des neuen Konzeptes. Dennoch bleibt die Frage nach der Anwendung von Waffengewalt auch für den gerechten Frieden virulent, gilt diese nach wie vor als Ultima Ratio. Das Paradigma des gerechten Friedens einschließlich der rechtserhaltenden Gewalt steht auch im Mittelpunkt der Friedensdenkschrift der Evangelischen Kirche in Deutschland (EKD) von 2007. Seitdem hat sich die politische Weltlage erheblich verändert; es stellen sich neue friedens- und sicherheitspolitische Anforderungen. Zudem fordern qualitativ neuartige Entwicklungen wie autonome Waffensysteme im Bereich der Rüstung oder auch der Cyberwar als eine neue Form der Kriegsführung die Friedensethik heraus. Damit ergibt sich die Notwendigkeit, Analysen fortzuführen, sie um neue Problemlagen zu erweitern sowie Konkretionen vorzunehmen. Im Rahmen eines dreijährigen Konsultationsprozesses, der vom Rat der EKD und der Evangelischen Friedensarbeit unterstützt und von der Evangelischen Seelsorge in der Bundeswehr gefördert wird, stellen sich vier interdisziplinär zusammengesetzte Arbeitsgruppen dieser Aufgabe. Die Reihe präsentiert die Ergebnisse dieses Prozesses. Sie behandelt Grundsatzfragen (I), Fragen zur Gewalt (II), Frieden und Recht (III) sowie politisch-ethische Herausforderungen (IV).

Weitere Bände in der Reihe http://www.springer.com/series/15668

Ines-Jacqueline Werkner
Christina Schües
(Hrsg.)

Gerechter Frieden als Orientierungswissen

Grundsatzfragen • Band 1

2. Auflage

Herausgeber
Ines-Jacqueline Werkner
Heidelberg, Deutschland

Christina Schües
Lübeck, Deutschland

Gerechter Frieden
ISBN 978-3-658-20102-9 ISBN 978-3-658-20103-6 (eBook)
https://doi.org/10.1007/978-3-658-20103-6

Die Deutsche Nationalbibliothek verzeichnet diese Publikation in der Deutschen Nationalbibliografie; detaillierte bibliografische Daten sind im Internet über http://dnb.d-nb.de abrufbar.

Springer VS
© Springer Fachmedien Wiesbaden GmbH 2018
Das Werk einschließlich aller seiner Teile ist urheberrechtlich geschützt. Jede Verwertung, die nicht ausdrücklich vom Urheberrechtsgesetz zugelassen ist, bedarf der vorherigen Zustimmung des Verlags. Das gilt insbesondere für Vervielfältigungen, Bearbeitungen, Übersetzungen, Mikroverfilmungen und die Einspeicherung und Verarbeitung in elektronischen Systemen.
Die Wiedergabe von Gebrauchsnamen, Handelsnamen, Warenbezeichnungen usw. in diesem Werk berechtigt auch ohne besondere Kennzeichnung nicht zu der Annahme, dass solche Namen im Sinne der Warenzeichen- und Markenschutz-Gesetzgebung als frei zu betrachten wären und daher von jedermann benutzt werden dürften.
Der Verlag, die Autoren und die Herausgeber gehen davon aus, dass die Angaben und Informationen in diesem Werk zum Zeitpunkt der Veröffentlichung vollständig und korrekt sind. Weder der Verlag noch die Autoren oder die Herausgeber übernehmen, ausdrücklich oder implizit, Gewähr für den Inhalt des Werkes, etwaige Fehler oder Äußerungen. Der Verlag bleibt im Hinblick auf geografische Zuordnungen und Gebietsbezeichnungen in veröffentlichten Karten und Institutionsadressen neutral.

Gedruckt auf säurefreiem und chlorfrei gebleichtem Papier

Springer VS ist Teil von Springer Nature
Die eingetragene Gesellschaft ist Springer Fachmedien Wiesbaden GmbH
Die Anschrift der Gesellschaft ist: Abraham-Lincoln-Str. 46, 65189 Wiesbaden, Germany

Inhalt

Geleitworte

„Wenn du den Frieden willst, bereite den Frieden vor!“ Dies ist einer der zentralen Sätze, die sich in der Diskussion der vergangenen zehn Jahre herauskristallisiert haben. Zehn Jahre, seitdem die evangelische Kirche die Denkschrift „Aus Gottes Frieden leben – für gerechten Frieden sorgen“ vorgelegt hat. Zehn Jahre, in denen der formulierte Konsens zum gelebten Konsens gewachsen ist, zum Beispiel, in der großen Einmütigkeit, in der alle Akteure, weit über das binnenkirchliche Spektrum hinaus, den Vorrang ziviler Konfliktbearbeitung anerkennen. Aber auch zehn Jahre, in denen viele von uns den Eindruck gewonnen haben, dass die Arbeit an friedensethischen Themen nicht einfacher geworden ist, wenn wir, so ein anderes Beispiel, über die Implikationen des Konzepts der internationalen Schutzverantwortung nachdenken.

Können wir uns freuen, dass die Friedensethik aus der gefühlten Nische des freundlichen Desinteresses herausgekommen und in der Mitte unserer Kirchen angekommen ist? Oder erfüllt es uns mit Sorge, dass trotz aller Bemühungen weder der Frieden näher gerückt scheint noch ein gesellschaftlicher Konsens, wie er denn zu erreichen – oder wenigstens zu fördern – sei?

Auf jeden Fall sind wir dankbar, dass die Forschungsstätte der Evangelischen Studiengemeinschaft sich auf den Weg gemacht und das Thema zugleich in beeindruckender Tiefe, Weite und Präzision bearbeitet hat. Wir danken denjenigen, die diesen Prozess koordiniert haben, und allen, die diesen ersten Ergebnisband durch ihre Beiträge ermöglicht haben. Und das sind nicht nur die Autorinnen und Autoren, sondern auch die, die sich in die Veranstaltungen eingebracht und ihre Expertise zur Verfügung gestellt haben.

Im Namen aller, die diesen Prozess seinerzeit angestoßen und beauftragt haben, danke ich Ihnen ganz herzlich, wünsche dem Werk eine gute Aufnahme und bin zuversichtlich, dass es der Anfang einer ganzen Reihe ist, die sich bereits abzeichnet und deren Aufgabe klar beschrieben ist: „Wenn du den Frieden willst, bereite den Frieden vor!"

Berlin, im Oktober 2017
Sigurd Rink, Evangelischer Militärbischof

* * *

„Aus Gottes Frieden leben – für gerechten Frieden sorgen!" – Unter diesem Titel erschien 2007 die Friedensdenkschrift des Rates der Evangelischen Kirche in Deutschland (EKD). Sie markierte mit der Orientierung am ökumenisch verankerten Leitbegriff des gerechten Friedens einen Paradigmenwechsel in der evangelischen Friedensethik. Neben dem betonten Zusammenhang von Frieden und Gerechtigkeit und Frieden und Recht wird der zivilen und gewaltfreien Konfliktbearbeitung der klare Vorrang eingeräumt. Erst unter dieser *prima ratio* wird dem Einsatz von militärischer Gewalt im Sinne einer „rechtserhaltenden Gewalt" in eng gefassten Kriterien ethische Legitimation zugesprochen.

Seit 2007 hat sich die Welt verändert. Nicht zwischenstaatliche Konfrontationen und Konflikte bestimmen die Situation, sondern innerstaatliche Gewalt, Terrorismus und hybride Kriegsführung prägen ganze Regionen. Mit den Flüchtlingen, die vor Krieg, Gewalt, Armut und Perspektivlosigkeit fliehen wird uns auch unsere Verstrickung in die Ursachen der Flucht deutlich. Terrorismus in Europa und Polarisierung unserer Gesellschaften offenbaren den Zusammenhang von äußerer und innerer Sicherheit. Die ernüchternde Bilanz militärischer Einsätze der Bundeswehr und die Orientierung an christlichem Pazifismus veranlassen die Einen, eine Abkehr von jeder ethischen Legitimation militärischer Gewalt zu fordern. Andere treten ein für eine Orientierung an der menschlichen Sicherheit im Sinne einer Schutzverantwortung und die ethische Reflexion der *Responsibility to Protect*.

Diese Entwicklungen machen neue Forschung am „gerechten Frieden" notwendig. Das Projekt „Orientierungswissen zum gerechten Frieden. Im Spannungsfeld zwischen ziviler gewaltfreier Konfliktprävention und rechtserhaltender Gewalt" widmet sich den verschiedenen Themen in multidisziplinären Arbeitsgruppen und veröffentlicht ihre Ergebnisse in einer Reihe von Publikationen, deren erster Band nun hiermit vorliegt. Ich bin gespannt und freue mich auf diese und weitere Resultate des Forschungsprojektes, das eine wichtige Grundlagenfunktion in den Verständigungsprozessen der EKD zum gerechten Frieden einnimmt.

Bremen, im Oktober 2017
Renke Brahms, Friedensbeauftragter des Rates der EKD

Gerechter Frieden als Orientierungswissen?
Eine Einführung

Ines-Jacqueline Werkner

1 Zum Begriff der Orientierung

Der Begriff der Orientierung ist sowohl in politischen und gesellschaftlichen Debatten als auch in philosophischen und ethischen Kontexten allgegenwärtig.[1] Nach Herbert Schnädelbach (1992, S. 381) könne die Philosophie – und damit auch die Ethik – generell als ein „Versuch gedanklicher Orientierung im Bereich der Grundsätze unseres Denkens, Erkennens und Handelns" gelten

1 Philosophisch geht der Begriff der Orientierung auf die Auseinandersetzung zwischen Moses Mendessohn und Friedrich Heinrich Jacobi um Glauben und Vernunft, auf den sogenannten Spinozismus- oder Pantheismusstreit, zurück. Ausgangspunkt dieser Debatte war die Frage, ob Gotthold Ephraim Lessing, der für seinen Nathan Mendelssohn als Vorbild nahm und durch Toleranz die Entscheidung zwischen Glauben und Vernunft beizulegen suchte, als Spinozist und damit als Atheist gelten müsse (vgl. hierzu u. a. Stegmaier 2008, S. 62ff.). Nachhaltig prägte Immanuel Kant, der in seiner Schrift „Was heißt: Sich im Denken orientieren?" (1977 [1786]) diese Kontroverse aufnahm, die philosophische Debatte um den Begriff der Orientierung.

(vgl. ebenso Luckner 2000, S. 57). Auch der Philosoph Werner Stegmaier stellt eine Konjunktur dieses Begriffes fest:

> „Orientierung wird inzwischen allenthalben als etwas angeboten, das man ‚geben' und ‚haben' kann. So ist sie zu einem Markt geworden, auf dem Therapeut(inn)en verschiedener Disziplinen, Ratgeber-Autor(inn)en, Medienserien, Consultingfirmen, Parteiprogrammkommissionen, kirchliche Räte und nicht zuletzt Philosophie und Ethik mehr oder weniger erfolgreich konkurrieren. Der Orientierungsmarkt weckt bei den Nachfragern die Erwartung, beständig an die Hand genommen zu werden (Thomä), und diese Erwartung wird unvermeidlich enttäuscht" (Stegmaier 2005, S. 14).

Dieses Phänomen zeigt sich ebenso bei Denkschriften, Worten und Verlautbarungen der Kirchen im öffentlichen Raum, gleichfalls in friedensethischen Debatten. Auch von der Friedensdenkschrift der EKD wird Orientierung zu aktuellen Fragen von Gewalt, Krieg und Frieden eingefordert und diese bisweilen enttäuscht. Zweifelsohne versteht sich die ethische Grundfrage „Was soll ich tun?", die sich in gleicher Weise für die Friedensethik stellt, als eine Frage nach Handlungsorientierung. Aber lässt sich allein schon durch eine ethische Normenreflexion Orientierungswissen generieren (Luckner 2000, S. 67f.)? Die Antwort auf diese Frage ist essenziell, hat sie unmittelbare Auswirkungen auf die konkrete Anwendbarkeit der Friedensdenkschrift auf aktuelle Konflikte sowie auf die Funktion der Kirche als gesellschaftliches Korrektiv bzw. theologisch formuliert auf die Wahrnehmung des politischen Wächteramtes der Kirche.

Bezüglich der Frage nach der Handlungsorientierung ist die Unterscheidung des Philosophen Jürgen Mittelstraß zwischen Verfügungs- und Orientierungswissen prominent. Vereinfacht formuliert fragt Verfügungswissen nach dem „tun können", während Orientierungswissen auf das „tun sollen" bzw. „tun dürfen" fokussiert. Unter Verfügungswissen versteht sich das Wissen, das es erlaubt, einen

Zustand oder Prozess zu kontrollieren (wie technisches und naturwissenschaftliches Wissen). Dabei bildet sich ein immer komplexeres Verfügungswissen heraus. Allerdings sind mit der Frage nach dem „tun können" noch nicht die Folgen des potenziell Möglichen mit bedacht oder hineingenommen. Dazu bedarf es des Orientierungswissens, mit dem eine Beurteilung und Orientierung über relevante Zustände oder Prozesse möglich wird (vgl. Mittelstraß 1992; Luckner 2000, S. 59ff.; Stegmaier 2008, S. 146; Hanekamp 2003). Dabei grenzt Orientierungswissen – so Mittelstraß (1992, S. 44) – „den Einsatz von Verfügungswissen ein, wo nicht, müssen die Wissenschaften selbst dazu übergehen".

Dieses von Mittelstraß eingeführte Orientierungswissen könne – so kritisch Andreas Luckner (2000, S. 68) – „nur auf ein kategorisches Sollen, d. h. auf das Gebotene und Verbotene abheben". Mit einer solchen normativen Begrenzung des Verfügungswissens seien aber „die Probleme mangelnder Orientierungsleistung der Ethik" (Luckner 2000, S. 62) noch nicht gelöst. So führe der irreflexive Gebrauch des Begriffs der Orientierung letztlich nur zu einem „höherstufige[n] Verfügungswissen" (Luckner 2000, S. 63). Luckner verweist in seiner Argumentation auf zwei zentrale Charakteristika von Orientierung: auf die Reflexivität des Begriffs sowie auf seine Situativität. So könne erst der reflexive Gebrauch des Begriffs der Orientierung die Perspektive der ersten Person mit berücksichtigen. Das beinhalte eine vierfache Relation: „Jemand (1) orientiert sich (2) *an* etwas oder jemandem (3) *in Bezug auf* etwas (4)" (Luckner 2000, S. 66). Zur Veranschaulichung führt Luckner seine Argumentation am Beispiel eines Schachspiels aus:

> „So wenig nun die Kenntnis der Spielregeln alleine schon eine hinreichende Bedingung für die Orientierung des Spielers ist, so wenig sind rechtliche und moralische Ge- und Verbote im Bereich des Handelns, also Rechts- und Moralnormen, schon allein deswegen Orientierungsinstanzen, weil sie Ge- bzw. Verbote sind. Das bloße

> Wissen darum, was erlaubt und was verboten ist, ist noch kein Orientierungswissen, denn jenes generiert nur einen verfügbaren Handlungsspielraum, während für dieses charakteristisch ist, dass man probate Wege kennt, die durch diesen Möglichkeitsraum führen" (Luckner 2000, S. 66).

Zudem sei Orientierung nur situativ möglich. Die ethische Grundfrage „Was soll ich tun?" fokussiere sich im Orientierungswissen auf die Frage „Was ist zu tun in dieser Situation ratsam?" (Luckner 2000, S. 69). Dabei spricht sich Luckner für ein „hypothetisches Sollen" aus, für Empfehlungen und Ratschläge ohne verpflichtenden Charakter. Diese These erweist sich als zentral für die Beantwortung der Frage nach der Generierung von Orientierungswissen: Welche Erwartungen verbinden sich mit (friedens)ethischen Stellungnahmen und wie können sie sich im Konkreten niederschlagen?

Die mit Abstand breiteste Auffächerung des Begriffs der Orientierung findet sich bei Werner Stegmaier. In seinem Werk „Philosophie der Orientierung" von 2008 zeigt er vierzehn verschiedene Formen von Orientierung auf:

- *Orientierung als Sich-Zurechtfinden*: Hier sind zunächst „die Umstände einer Situation auszumachen und sie einander zu[zu] ordnen" (S. 1), um dann in einem weiteren Schritt „erfolgsversprechende Handlungsmöglichkeiten auszumachen, durch die sich die Situation beherrschen lässt" (S. 2). Dabei sind Orientierungssituationen stets neue Situationen (S. 152), durch Zeitnot und Zeitdruck geprägt: „Zeitnot, sofern die Orientierung Zeit nötig hat, um die Situation zu erschließen und Möglichkeiten zu finden, mit ihren (mehr oder weniger) überraschenden Gegebenheiten fertigzuwerden. Zeitdruck, sofern dabei die Zeit ‚drängt', in dieser Situation das zu tun, was jetzt erfolgreich zu tun ist" (S. 166). Zudem erfordert Orientierung, da sie sich stets unter Ungewissheit vollzieht, auch Mut: „Mut, sich den Gefahren zu stellen, unvermeidliche Risiken einzugehen und, ohne Gewissheit des Erfolgs, günstige Gelegenheiten zu ergreifen" (S. 174).

- *Orientierung als Übersicht*: In neuen Situationen gilt es zunächst zu sichten. Sichten bedeutet zu eruieren, was in einer Situation von Belang ist, und auf Sinn hin zu selektieren und auszurichten: „Übersicht ist eine Sicht zweiter Ordnung, eine Sicht auf Sichten, die Richtungen zeigen, Wege eröffnen, Handlungsmöglichkeiten bieten, um weiterzukommen, also wiederum eine selbstbezügliche Sicht, die unterschiedliche Sichten sichtbar werden und zwischen ihnen entscheiden lässt" (S. 185).
- *Orientierung als Ausrichtung in Spielräumen*: Übersicht durch Ordnung soll Orientierung erleichtern und beschleunigen (S. 191f.). Dabei erfolgt das Ausrichten der Orientierung nach Horizonten, Standpunkten und Perspektiven. Horizonte begrenzen die (Über)Sicht; es sind Entscheidungen darüber, welche Aspekte in den Vorder- oder Hintergrund treten (S. 197). Der Standpunkt ist der Punkt, „auf dem man in einem Horizont ‚steht' und von dem aus man sieht und versteht, was man in diesem Horizont sehen und verstehen kann" (S. 199). Er ist „das Absolute", von dem jede Orientierung ausgeht (S. 200). Die Perspektive wiederum ist „[d]as Gesichtsfeld zwischen dem Standpunkt und dem Horizont" (S. 206); hier existieren immer auch alternative Sichtweisen („Immer-auch-anders-sehen-Können", S. 207). Umorientierungen resultieren aus Umordnungen von Perspektiven. Diese können nicht einfach gewechselt werden, sondern gehen ineinander über und stehen so in Kontinuität zueinander (S. 214).
- *Orientierung als Halt*: Halt bedeutet, „[s]ich in seiner Situation zurechtzufinden, darin Übersicht zu gewinnen und sich richtig auszurichten" (S. 226). Das geschieht durch Anhaltspunkte, d. h. dadurch, dass man sich an etwas oder jemand orientiert bzw.

hält (S. 237). Das Bedürfnis nach Halt resultiert dabei aus der „beständige[n] Not der Orientierung, in ihrer Bewegung zu entgleiten, zu Fall zu kommen und in Verfall zu geraten" (S. 226).

- *Orientierung in Zeichen*: Zeichen stellen markante Anhaltspunkte dar; an ihnen „hat die Orientierung etwas, das stehenbleibt" (S. 275). So lassen sich Zeichen festhalten, und in anderen Situationen wieder auf sie zurückkommen.
- *Orientierung in Routinen*: Routinen schaffen Strukturen, mit denen sich eine Orientierung im Handeln unter Ungewissheit stabilisieren lässt: „In der Not der Orientierung, immer anderen Situationen ausgesetzt zu sein, muss sich die Orientierung stabilisieren, um diese Not zu wenden. Dazu steht ihr nichts anderes zu Gebote außer ihr selbst; sie kann sich nur durch Strukturen stabilisieren, die sie selbst schafft" (S. 291). Orientierung ist gegeben, wenn sie irgendwo anschließen kann, wenn Routinen routiniert wechseln (S. 310). Können Routinen unter neuen Bedingungen nicht fortgeführt werden, muss Orientierung nicht verloren gehen, „solange jeweils nur hinreichend viele Routinen erhalten bleiben" (S. 311). Mit dem Austausch einzelner Routinen verändert sich das Muster im Sinne einer „Struktur versetzter Kontinuitäten" (S. 311).
- *Orientierung als Fluktuanz*: Denken generiert Orientierung durch Entwürfe von Orientierung: „Allen Modi des Denkens ist die Distanzierung von der gegebenen Situation gemeinsam. Sie ermöglicht es, Alternativen zur jeweiligen Situation zu entwerfen und im ‚Gedächtnis' vorzuhalten" (S. 334f.). Dabei können Handlungshorizonte erweitert und die Anschlussfähigkeit unterschiedlicher Orientierungen gesteigert werden (S. 348f.).
- *Orientierung in doppelter Kontingenz*: Orientierungen lassen sich nicht von einem unabhängigen dritten Standpunkt vergleichen, sie bleiben an den eigenen Standpunkt gebunden (S. 364). Auch lassen sich Orientierungen aus unterschiedlichen Standpunkten

„einander nicht ‚durchschauen'"; durch Kommunikation können sie nur „voneinander wissen" (S. 409). Das kann zu einer doppelten Kontingenz führen, insofern es sich in der Kommunikation um zwei „black boxes" handelt, d. h. sowohl die Äußerungen des einen als auch des anderen Gesprächspartners anders ausfallen können als der jeweils andere erwartet (S. 409). Dieses Problem lässt sich durch den Aufbau von Vertrauen bewältigen. Aber auch Vertrauen muss unter Bedingungen doppelter Kontingenz hergestellt werden, womit es „eine zunächst einseitige und darum ‚riskante Vorleistung'" (S. 415) bleibt.

- *Orientierung durch Achtung*: Neben Vertrauen kann auch Achtung die eigene Orientierung stabilisieren: „Achtung vor anderen ist die vorsichtige, umsichtige und rücksichtsvolle Beachtung ihrer Orientierung für die eigene Orientierung" (S. 429). Dabei können gemeinsame Fixpunkte (wie gemeinsam genutzte Geräte, gemeinsame Vorhaben oder abgestimmte Regeln) wechselseitige Orientierung ermöglichen. Sie übernehmen dann die Funktion von „Identitäten auf Zeit", die zu zurechenbaren Ordnungen führen (S. 431).
- *Orientierung durch Planung*: „Elementare Überlebensnotwendigkeiten wie Ernährung, Fortpflanzung und Sicherheit zwingen, sich in gemeinsame Ordnungen einzuordnen, Ordnungen des ‚wechselseitigen Brauchens', die ein möglichst reibungsloses Zusammenleben ermöglichen sollen" (S. 460). Hierbei handelt es sich um ökonomische, mediale, politische wie rechtliche Ordnungen, die Orientierung geben und das Zusammenleben in einer Gesellschaft ermöglichen.
- *Orientierung durch kritische Distanzierung*: Neben Ökonomie, Massenmedien, Politik und Recht können auch andere Systeme wie Wissenschaft, Kunst und Religion Orientierung geben. So wird wissenschaftliche Orientierung durch die Loslösung des eigenen und Einnahme eines theoretischen Standpunktes

möglich (S. 506ff.). Künstlerische Orientierung generiert sich durch kreative Desorientierung, durch „spielerisch attraktive und irritierende Orientierungswelten“ (S. 528). Religiöse Orientierung wiederum sucht in Ausrichtung auf Gott „Halt am ewig Unbegreiflichen“. Dies geschieht „jenseits der begrenzten Horizonte aller Orientierungswelten“ (S. 528).

- *Orientierung durch Selbstbindung*: Das Moralische als eine Form der Selbstbindung bindet nicht nur das Handeln, sondern auch das Denken (S. 543). Seinen stärksten Ausdruck findet das Moralische in der inneren Nötigung, „um des Moralischen willen auf alle ökonomischen und politischen Optionen zu verzichten, dabei unter Umständen schwere Unannehmlichkeiten hinzunehmen und dafür Achtung zu gewinnen“ (S. 544). Damit schließt sie Spielräume der Orientierung: „Man muss tun, was moralisch geboten ist; schon das Umsehen nach Auswegen zieht das ‚schlechte Gewissen‘ nach sich. Die moralische Nötigung suspendiert jede andere als die moralische Orientierung“ (S. 545). Moralisch relevante Situationen entstehen durch „die Nöte anderer“ (S. 548), derer man sich nicht entziehen kann. Mit der Zeit kann sich auch moralische Orientierung stabilisieren. „Sie findet zu Routinen, profiliert Identitäten und fügt sich in allgemein ‚herrschende‘ Moralen ein“ (S. 553). In diesem Kontext führt Stegmaier dann auch den Verantwortungsbegriff ein, und das in dreifacher Perspektive: in der Zurechnung von Verantwortung als eine moralische Nötigung anderer; im Übernehmen von Verantwortung durch Identifikation mit einer solchen Zuschreibung sowie in der Vorwegnahme, d. h. in der eigenen Zuschreibung von Verantwortung.
- *Orientierung durch Reflexion von Selbstbindungen*: Dafür steht die ethische Orientierung. Ethik wird hier nach Niklas Luhmann (1989) „als Reflexionstheorie der Moral“ verstanden. Dabei nimmt ethische Orientierung „unter einseitigem Verzicht auf

Gegenseitigkeit die anderen Standards anderer moralischer Orientierungen ernst" (S. 599). Dabei stellt das eigene Gewissen „die erste und auch die letzte Instanz der ganz auf sich gestellten ethischen Orientierung" dar; „in ihm reflektiert der Einzelne sein moralisches Handeln und seine moralischen Standards, wenn sie auf andere irritierend wirken" (S. 603).

- *Orientierung durch Standardisierung*: Im Fokus steht hier eine „Weltorientierung als globale Orientierung" (S. 627). Diese habe weder ein festes Zentrum noch eine feste Peripherie; sie entscheide sich „von jedem Standort aus und immer wieder neu" (S. 631). Dabei sei ein weltweiter Austausch nur durch Standardisierung möglich: unter anderem durch standardisierte Orientierungszeichen (beispielsweise zur lokalen Orientierung), durch die standardisierte Orientierungssprache Englisch sowie durch eine standardisierte Orientierungstechnik (wie GPS) und Kommunikationstechnik (S. 633ff.).

Diese philosophische Begriffserschließung bietet eine Basis und einen Ausgangspunkt, auf der sich Orientierungs- wie Umorientierungsprozesse analysieren lassen. Sind bereits Perspektiven anderer Disziplinen (wie theologische, soziologische oder psychologische) in das Werk eingegangen, lässt sich hier auch im Weiteren interdisziplinär anschließen und für die Erörterung der Frage der Generierung von Orientierungswissen im Kontext des gerechten Friedens nutzbar machen.

2 Zu diesem Band

Inwieweit können die Friedensdenkschrift der EKD und das dort entfaltete Konzept des gerechten Friedens eine Orientierung zu aktuellen Fragen von Gewalt, Krieg und Frieden bieten? – Diese

Frage steht im Fokus dieses Bandes. Er verhandelt die Thematik anhand von fünf Leitfragen: Zunächst erfolgt eine Annäherung an grundsätzliche Anforderungen von Orientierungs-, aber auch von Umorientierungsprozessen. So stellt der erste Beitrag in grundlegender Weise und in Anlehnung an Immanuel Kant die Frage: Was heißt, sich im Leben orientieren? (Klaus Ebeling). Er argumentiert entlang der kantischen Logik von „Was kann ich wissen?", „Was soll ich tun?" und „Was darf ich hoffen?".

Ausgehend von diesen grundsätzlichen Überlegungen setzt der zweite Beitrag (Roger Mielke) am sogenannten Afghanistanpapier, der Stellungnahme der Kammer für öffentliche Verantwortung der EKD aus dem Jahr 2013, an. Im Vorwort dieses Papiers spricht Nikolaus Schneider von einem „differenzierten Konsens" (EKD 2013, S. 8). Die Stellungnahme, die klären sollte, welche Orientierungskraft diesem Leitbild in konkreten politischen Entscheidungssituationen zukommt, zeichnet sich durch verschiedene „argumentative Gabelungen" (EKD 2013, S. 9) aus, die die verschiedenen friedensethischen Positionen widerspiegeln. Diese Differenzierungen können ganz im Sinne eines protestantischen Selbstverständnisses (Pluralität der Meinungen) gedeutet werden. Kritiker dagegen können die ethische Grundfrage „Was soll ich tun?" bzw. die Luckner'sche Frage „Was ist zu tun in dieser Situation ratsam?" für nicht bzw. nur unzureichend beantwortet halten. Vor diesem Hintergrund diskutiert der Beitrag, wie viele Gabelungen eine (friedens)ethische Reflexion verträgt, inwieweit auf diese Weise ein Orientierungswissen generiert werden kann und wie mit Dissensen umzugehen ist.

Auch der dritte Beitrag (Reiner Anselm) setzt beim Afghanistanpapier an, fragt dann aber weitergehend, wie konkrete Urteile bei der Anwendung des Konzepts des gerechten Friedens zustande kommen. Dabei erfolgen zunächst prinzipielle metaphysische Überlegungen zum Leitbild des gerechten Friedens, bevor der Fokus auf die Urteilsbildung im engeren Sinne gerichtet wird und abschließend die angesprochenen Fragestellungen und Probleme aus einer spezifisch theologisch-ethischen Perspektive interpretiert werden.

In Fortführung dieser Debatten nimmt der vierte Beitrag (André Munzinger) den Einfluss der Kirche auf den politischen und gesellschaftlichen friedensethischen Diskurs im Horizont der Vorstellungen eines Wächteramtes näher in den Blick. Dazu wird aus zeitdiagnostischer und sozialphilosophischer Perspektive die eigenständige Rolle der Kirche als Institution entfaltet, die Sinn- und Vertrauensressourcen in der Friedensbildung zur Geltung bringen kann.

Der Autor des fünften Beitrages (Herbert Wulf) richtet seinen Blick auf in Verantwortung stehende (politische) Akteure und fragt, wie friedensethische Reflexionen konkret fruchtbar gemacht werden können. Anhand von acht Thesen untersucht er die Bedingungen, denen Politikberatung – im weitesten Sinne verstanden – unterliegt, und die Erfordernisse, die sich für spezifisch friedenspolitische bzw. friedensethische Themen stellen.

Der abschließende Beitrag (Christina Schües) nimmt noch einmal die zentralen Argumentationslinien und Begründungsmuster der vorliegenden Texte auf, fasst diese in Form von vier Spannungsfeldern (Universalität – Individualität – Pluralität, Parameter und Strukturierung der Orientierung, Konsens oder Dissens, Beratung und Umorientierung) zusammen und gibt einen Ausblick, worin die Orientierungsleistungen der EKD-Denkschrift und des Konzepts des gerechten Friedens liegen können.

Literatur

EKD. 2013. *„Selig sind die Friedfertigen". Der Einsatz in Afghanistan: Aufgaben evangelischer Friedensethik.* Eine Stellungnahme der Kammer für Öffentliche Verantwortung der EKD. Hannover: Kirchenamt der EKD.

Hanekamp, Gerd. 2003. Alles Wissen ist Orientierungswissen. https://www.ea-aw.de/fileadmin/downloads/Newsletter/NL_0043_122003_dt.pdf. Zugegriffen: 27. September 2016.

Kant, Immanuel. 1977 [1786]. Was heißt: Sich im Denken orientieren? [Berlinische Monatsschrift, Oktober 1786, 304-330] In *Immanuel Kant. Werke in zwölf Bänden, Bd. 5*, hrsg. von Wilhelm Weischedel, 276-283. Frankfurt a. M.: Suhrkamp.

Luckner, Andreas. 2000. Orientierungswissen und Technikethik. *Dialektik* 2000 (2): 57-78.

Luhmann, Niklas. 1989. Ethik als Reflexionstheorie der Moral. In *Gesellschaftsstruktur und Semantik. Studien zur Wissenssoziologie der modernen Gesellschaft*, Bd. 3, ders., 358-447. Frankfurt a. M.: Suhrkamp.

Mittelstraß, Jürgen. 1992. *Leonardo-Welt. Über Wissenschaft, Forschung und Verantwortung.* Frankfurt a. M.: Suhrkamp.

Schnädelbach, Herbert. 1992. Philosophie als Wissenschaft und als Aufklärung. In *Zur Rehabilitierung des animal rationale. Vorträge und Abhandlungen 2*, ders., 372-386. Frankfurt a. M.: Suhrkamp.

Stegmaier, Werner. 1999. Grundzüge einer Philosophie der Orientierung: Ein Forschungsprogramm. In *Philosophieren über Philosophie*, hrsg. von Richard Raatzsch, 162-173. Leipzig: Leipziger Universitätsverlag.

Stegmaier, Werner. 2005. Einleitung. In *Orientierung. Philosophische Perspektiven*, hrsg. von Werner Stegmaier, 14-50. Frankfurt a. M.: Suhrkamp.

Stegmaier, Werner. 2008. *Philosophie der Orientierung.* Berlin: Walter De Gruyter.

Was heißt „sich im Leben orientieren"?
Eine Gedankenskizze[1]

Klaus Ebeling

> *„… es ist nicht von etwas Gemeinem die Rede, sondern davon, auf welche Weise man leben soll. So erwäge denn …"*
>
> Sokrates in Platons *Politeia I*, 352d

1 Leben: Endliche Freiheit

> Ganz gleich, ob man es gut findet oder nicht: Jedem Menschen ist unabweisbar aufgegeben, (s)ein Leben zu führen.

Man kann diese Aufgabe mehr oder weniger klug verstehen, mehr oder weniger selbstbewusst angehen, an ihr auch verzweifeln und scheitern, ihr aber nicht entgehen. Und man ist dabei immer schon auf Kontexte der Verständigung verwiesen: auf kulturelle und gesellschaftliche Vorgaben, die Erfahrungen, Überlegungen und Überzeugungen nächster und (zunehmend auch) fernster Mit-

1 Der vorliegende Text führt Überlegungen weiter, die ich in Kooperation mit meinem Lehrer Hermann Schrödter entwickelt habe (vgl. Ebeling und Schrödter 2011).

menschen. Keiner fängt am Nullpunkt an; Herkünftigkeit, plurale Differenzierung und Endlichkeit (auch der freiheitsbewussten Selbstbestimmung) charakterisieren die menschliche Lebensform. – Auch wenn das die Sehnsucht nach archimedischen Ausgangs- und Endpunkten des je eigenen, um Bedeutung und Sinn besorgten Nachdenkens kaum ganz vertreiben kann. Zu schwer wiegt hier die Last religiöser und metaphysischer Deutungsgeschichten, die Bedeutung und Sinn an Dauer und Notwendigkeit, an vollkommene Einheit und kosmische Zentralität binden. Andererseits haben vor allem in unserer Weltgegend inzwischen viele „im Abseits von den Sinnfragen der Menschheit platzgenommen" (Henrich 1982, S. 40) und suchen ihr Leben, konstruierend und konsumierend, mit gewollten Erlebnissen und angenehmen Ereignissen anzufüllen. Doch kann Sinn*stiftung* dieser Art wirklich das Sinn*problem* (auf)lösen, lässt sich Orientierung im bewussten Leben wirklich allein durch individuell oder politisch gesetzte Strukturen und Regeln gewinnen?

Die folgenden drei Gedankengänge möchten der Erschließung gangbarer Wege dienen, sollen zumindest dazu beitragen, naheliegende Abwege zu meiden. Sie knüpfen dabei an jene drei Fragen nach Wesen, Wert und Zweck menschlicher Existenz an, in denen der Aufklärer Immanuel Kant alles Interesse der Vernunft vereinigt sieht: „1. Was kann ich wissen? 2. Was soll ich tun? 3. Was darf ich hoffen?" (Kant 1998 [1781/87], A 805 bzw. B 833).[2] Dieser Anschluss ist gewiss nicht originell, aber nach wie vor aufschlussreich – sofern man sich dabei nicht scheut, über die Interpretation und Verortung der Fragen im Werk des großen Vorfahren auch hinauszudenken (vgl. hierzu auch Schaeffler 2017, S. 139-180).

---

2 In der erstmals 1800 von Gottlob Benjamin Jäsche herausgegebenen Logik-Vorlesung werden sie auf die umfassende Frage „Was ist der Mensch?" bezogen (Kant 1968 [1800], S. 25). Zu deren kontroverser Einschätzung siehe Herbert Schnädelbach (2005, S. 120-128).

2 Wissen: Bedingter Wahrheitsbezug

Die objektive Erkenntnis empirischer Gegenstände und Gegebenheiten, sei sie auch noch so sorgfältig erarbeitet, bleibt prinzipiell vorläufig und unvollständig; sie ist an begriffliche und methodische Vorgaben gebunden. Die Bemühung ganzheitlicher Lebensorientierung ist auf sie verwiesen, muss sie zugleich aber auch übergreifen, das heißt hinter sie zurück- und über sie hinausgreifen.

Es war wiederum Kant, der den Begriff der Orientierung (in seiner verbalen, reflexiven Form) in die Philosophie eingeführt hat. Seine Definition lautet: „Sich im Denken überhaupt *orientieren*, heißt also: sich bei der Unzulänglichkeit der objektiven Prinzipien der Vernunft im Für-wahr-Halten nach einem subjektiven Prinzip derselben bestimmen" (Kant 1968 [1786], S. 136 Anm.).[3] Sowohl in theoretischer wie in praktischer Hinsicht ist jedwedes Erfahrungswissen ergänzungsbedürftig. Grundbegriffliche Unterscheidungen und elementare Entscheidungen lassen sich nicht argumentativ erzwingen, die Überprüfung empirischer Hypothesen führt nicht zu unbedingten Gewissheiten. Insofern ist bereits das wissenschaftlich erzeugte „Verfügungswissen", nicht erst die Auseinandersetzung mit ersten und letzten Lebensfragen, eingebettet in vor-orientierende kulturelle und gesellschaftliche Paradigmen; es erzeugt dementsprechend unterschiedliche Wirkungen in diesen Kontexten.

Die Einsicht in die vielfältige Bedingtheit aller Bemühungen um Wissen und Wahrheit wird bisweilen allerdings als Freibrief für beliebiges Räsonieren missverstanden, wenn nicht gar bewusst, etwa im politischen Streit, missbraucht. Die Reduktion von Relativität auf Relativismus, von Überholbarkeit auf Zufälligkeit beschädigt

3 Kants Titel zielt im Blick auf den Spinozismus-Streit auf die eigene Rechtfertigung des „*Vernunft*glaubens" an das Dasein Gottes; seiner Darlegung geht es jedoch keineswegs nur um das Denken.

aber das Verständigungs- und Orientierungspotenzial menschlicher Kommunikation bis auf deren Kern. Mit der Entwertung des auf Wahrheit zielenden Strebens verliert sich die Daueraufgabe lebensfreundlicher Integration von Realitäts- und Möglichkeitssinn im Ungefähren, wo doch mit erfahrungshungriger Vernunft um die je bessere Lösung zu wetteifern wäre.

Neben diesem gleichmacherischen Sog und einem scheinbar besonders wissenschaftsaffinen naturalistischen Reduktionismus – demzufolge auch der Mensch nichts anderes als das Produkt eines sinnfremden evolutionären Prozesses ist und sonach auch die subjektive Freiheitserfahrung lediglich als sozial nützliche Projektion gelten kann – erfordern aber auch solche Weltanschauungen und Glaubensformen kritische Aufmerksamkeit, die über einen naturalistisch verengten Rationalismus wie über einen vernunftflüchtigen Indifferentismus hinauszukommen glauben, indem sie in abgeschotteten Räumen dogmatisch fundierte Bestätigungsrituale pflegen.

Wer sich dagegen in seiner endlichen Freiheit, in seiner verletzungsanfälligen Bedürftigkeit und seiner intellektuellen wie emotionalen Berührbarkeit ernst nimmt, wer sich um den Sinn dieses Lebens im Ganzen sorgt und deshalb – offen für Überraschungen und resistent gegenüber Enttäuschungen – ebenso Einsichten über die anderen und die Welt wie (zumeist darüber vermittelt) auch sich selber erschließen will, dürfte gut beraten sein, auf differenzfreundlich strukturierte Verständigungsprozesse zu setzen: zunächst im lebensweltlich verorteten Erfahrungsaustausch, dann aber auch in der „Hinführung zu bestimmten Einsichten anhand eines rezeptiven Nachvollziehens der für den Dialog typischen und ihrerseits dem Aufweis von Einsichten dienenden Verflochtenheit von Argument und Gegenargument“ (Schildknecht 2005, S. 143).

3 Sollen: Prinzipiengeleitete Pragmatik

> Mit dem Anspruch auf Selbstbestimmung und Selbstentfaltung, also: auf autonome Lebens- und vor allem auch Handlungsorientierung, übernimmt jeder Mensch zugleich Verantwortung für die davon betroffenen Mitmenschen. Um gemeinsam gut (das heißt: auch verschieden) leben zu können, ist die wechselseitige Anerkennung jeder Person als „Subjekt der Rechtfertigung" geboten, „das Gründe sowohl gebraucht als auch benötigt, um sich im sozialen Raum zu orientieren und in ihm zu handeln"; dieser „Grund" für Gerechtigkeitsansprüche ist es auch, „der eine kulturalistische Relativierung solcher Ansprüche nicht zulässt" (Forst 2011, S. 106).

Das basale Anerkennungskriterium definiert Moralität, aber nicht zureichend die konkrete Moral oder Ethik. Es orientiert protomoralisch die fortlaufend aufgegebene Verständigung über konkrete Praxisnormen und ist also auch mit moralischem Pluralismus in der Einschätzung konkreter Lebens- und Handlungsweisen vereinbar. Die Verständigung über die je angemessene Vermittlung von Prinzipien und Normen mit Verfügungs- und Orientierungswissen (gegebenenfalls auch über die jeweiligen Hintergrundüberzeugungen, sprich: Selbst- und Weltbeschreibungen) ist der „Ernstfall" moralischer bzw. ethischer Entscheidungs- und Handlungskompetenz (vgl. Stegmaier 2005b, S. 97f.; Ebeling 2002, S. 69-72; 2006, S. 25-33).

In ethischen wie in politischen Debatten wird der Ausgang vom Individuum als dem „elementare[n] Tatbestand unserer Welt" immer wieder kritisch kommentiert, obgleich doch „die ethischen Normen ihren Sinn allein daraus beziehen, dass sie von Individuen verstanden, von ihnen auf sich selbst bezogen und ernst genommen werden" (Gerhardt 2000, S. 18ff.).[4] Im unbedachten gedanklichen

4 Mit dieser personzentrierten Konzeption ethischer Reflexion wird nicht die intersubjektive Dynamik menschlicher Identitätsbildung,

Übergang vom Individuum zum Individualismus wird jedoch, wie bei der vordergründig plausibel erscheinenden Entgegensetzung von Individualität und Sozialität oder auch von Autonomie und Solidarität, die soziomorphe Verfasstheit individueller Existenz verkannt:

> „Wer der werden will, der er ist, muss hoffen können, dass es ein von ihm erwartetes Zusammenspiel der Individuen gibt. [...] Jeder will auch und gerade im Zusammenhang mit anderen er selber sein. Folglich liegt die Organisationsbedingung der Politik in der Konstitution des Individuums, das gerade in Gesellschaft nicht auf eigene Zwecke verzichten will. Erst wenn man diesen Zusammenhang erkennt, wird offenkundig, warum Politik in ihren auf eine Menge von Menschen bezogenen Zielen nur überzeugen kann, solange sie ihre prinzipielle, d. h. die ihre Konstitution tragende Bedingung, nämlich die zur selbstbewussten Individualität gesteigerte Verfassung des Einzelnen, mit allen Mitteln zu sichern sucht" (Gerhardt 2000, S. 157, 162).

Die „systematische Pointe" dieser Überlegung ist, wie Volker Gerhardt an anderer Stelle ausführt, „dass sich in der Partizipation die Selbstbestimmung des aus eigener Einsicht [am gesellschaftlichen und politischen Prozess, Anm. des Verf.] teilnehmenden Individuums mit der Eigenständigkeit der darauf gestützten Institution

---

sondern lediglich die Möglichkeit einer genetischen Herleitung der Subjektivität aus der Interaktion bestritten. Mich überzeugt Dieter Henrichs Analyse, derzufolge „zwischen beiden eine wechselseitige Abhängigkeit" besteht (Henrich 2007, S. 161). Damit ist gemeint, dass ein ursprüngliches Wissen von sich als Voraussetzung der Möglichkeit des Mitseins fungiert, gleichwohl aber dieses „Wissen von sich insofern nicht suisuffizient [ist], als es keinen in sich selbst abgeschlossenen Wissenszustand ausmacht. Ich kann nicht nur von mir wissen" (Henrich 2017, S. 310). – Zum gespannten Verhältnis von individueller und kollektiver Verantwortung entwickelt Gerber (2010, S. 66-93) eine differenzierte Argumentation.

verschränkt“ (Gerhardt 2007, S. 476). Partizipation ist sonach die „spezifische Bedingung einer jeden politischen Organisation [...] Erst durch sie kommt es zu dem auf wechselseitigen Verbindlichkeiten beruhenden Zusammenhang, der wiederum nur durch Mitbestimmung zu erhalten und zu entfalten ist“ (Gerhardt 2007, S. 24).

Dies impliziert die normative Auszeichnung demokratischer Politik, die sich dem norm- wie sachgerechten öffentlichen Diskurs auch unter Bedingungen zunehmender Komplexität verpflichtet sieht und zusammen mit zivilgesellschaftlichen Akteuren beharrlich an der Sicherung und Weiterentwicklung einst mühsam erkämpfter Partizipationsrechte sowie deren institutioneller Gestaltung arbeitet.

Besonders auf dem Felde internationaler (Sicherheits-)Politik erscheint vielen das von Kant in die Friedensdiskussion eingebrachte Publizitätsgebot (Kant 1968 [1795], S. 381f.; vgl. dazu auch Gerhardt 2012) idealistisch und weltfremd, wenn nicht gefährlich naiv. Angesichts geradezu verlässlich produzierter Enttäuschungen durch sogenannte „realpolitische“ Muster der Kommunikation und des Handelns muss deren vermeintlicher Plausibilitätsvorsprung verwundern. Hehren Ideale beschwörende Gesinnungsrituale helfen freilich ebenso wenig. Die Einübung in anspruchsvoll *prinzipiengeleiteten Pragmatismus* wäre von den christlichen Kirchen als dezidiert bekenntnisgemäße Aufgabe zu begreifen.

4 Glauben: Skeptische Hoffnung

> „Jedes *Wissen*, das wir für aufschlussreich und für nützlich halten, ist auf einen *Glauben* an seine lebensdienliche Brauchbarkeit angewiesen. Und jeder Glauben, der ohne Wissen ist, muss ziel- und sprachlos bleiben. [...] *Glauben ohne Wissen ist leer und Wissen ohne Glauben blind*“ (Gerhardt 2016, S. 237f.).

Mit dieser Variation auf ein bekanntes Diktum Kants wird zunächst nur (wie in Kapitel 2 umrissen) die wechselseitige Verwiesenheit von Wissen qua empirischer Erkenntnis und Glauben qua Sinnvertrauen herausgestellt. Ob bzw. inwiefern dieses Sinnvertrauen darüber hinaus gewissermaßen als Vorstufe des religiösen Glaubens an das Göttliche oder Gott gedeutet werden kann, bleibt damit noch unbeantwortet. Doch darf man wohl – nochmals mit Gerhardt (2016, S. 223) – zumindest dies zu bedenken geben:

> „Das Sinnpotenzial der Welt gibt dem Menschen die Chance, sich darin mit seinem eigenen Lebenssinn eine Perspektive zu eröffnen, in der er selbst noch dem Tod gefasst gegenübertreten kann. Diesem Sinn, der den unterschiedlichen Sinnerwartungen der Individuen einen sie verbindenden Horizont gibt, nenne ich ‚Sinn des Sinns'. In seiner Leistung scheint er mir nur dann angemessen erfasst, wenn man ihn ‚göttlich' nennt."

Zu einer im engeren Sinne religiösen Hoffnung und Sinnperspektive gehört zudem allerdings die Offenheit für passivisch bindende Momente menschlicher Selbst- und Welterfahrung. Wer das „Reich Gottes" zu hoffen wagt, sucht ja nicht bloß eine gedankliche Kompensation für kränkende Erfahrungen in einer mittels der experimentellen Wissenschaften rationalistisch entzauberten, kalt gemachten Welt (etwa im Sinne der sinnkritischen Empfehlungen von Odo Marquard [1981, S. 117-146; 1986, S. 33-53, 98-139]), sondern erhofft (nicht: erwartet) das Offenbarwerden einer nicht selbstgemachten Sinndimension, einer lebendigen statt einer bloß erdachten Kraftquelle – nicht zuletzt für die Auseinandersetzung mit jenem „schlechthin geheimnisleeren Bild vom Menschen, das nur einen reinen Bedürfnismenschen zeigt, einen Menschen ohne Sehnsucht, das heißt aber auch ohne Fähigkeit zu trauern und darum ohne Fähigkeit, sich wirklich trösten zu lassen und Trost anders zu verstehen denn als reine Vertröstung" (Gemeinsame Synode 1976, S. 87f.). Ein solches Zulassen bleibt freilich dem verwehrt, der Selbstbestimmung generell nur im Modus der Aktivität zu denken vermag. Selbstbestimmung ist aber ebenso, „recht verstanden, [...] das Vermögen, *sich bestimmen zu lassen*" (Seel 2002, S. 285) – mit gleichmäßiger Betonung des „sich" und des „lassen" gelesen.

> „In gelingender Selbstbestimmung kann nur leben, wer offen für die Wahrnehmung äußerer und innerer Möglichkeiten ist, die nicht von ihm bestimmt worden sind und vielfach nicht für ihn bestimmt erscheinen. Zugleich können nur *die* für die Unwägbarkeiten ihrer eigenen Lebenssituation aufgeschlossen bleiben, die die Fähigkeit haben, eine *eigene* Antwort auf die ihnen begegnenden Verhältnisse zu finden. Eine eigene Antwort auf die ihnen *begegnenden* Verhältnisse aber [die auch deren Überwindung intendieren kann; Anm. des Verf.] werden sie nur finden, wenn sie eine eigene Antwort auf die ihr Denken, Fühlen und Handeln *bewegenden* Kräfte geben" (Seel 2002, S. 295f.).

5 Frieden: Pazifizierende Prozesslogik

Eine besondere, wichtige Modifikation von Selbstbestimmung ist die moralische Haltung. Sie schränkt den Kreis erlaubter Handlungen ein, gründet aber in einer „Entschränkung des Verhaltens gegenüber den Anderen", wie Martin Seel (2002, S. 297f.) sowohl im Anschluss an als auch in Abgrenzung von Emmanuel Levinas markant formuliert: Wie dieser „am deutlichsten [...] gesehen hat, steht am Anfang der Moral nicht eine Restriktion, sondern die Aufhebung einer Restriktion: die Bereitschaft nämlich, sich durch das Wohl und Wehe des Anderen bestimmen zu lassen. Einen Sinn für Moral hat nur der, wer durch andere ansprechbar und damit von ihnen bestimmbar ist." Kritikwürdig erscheint Seel dann aber, dass Levinas (wie auch dessen kontraktualistische Gegner)

„erneut Barrieren zwischen aktiver und passiver, symmetrischer und asymmetrischer Bindung [errichten]. Moralische Anerkennung ist *stets zugleich* aktiv und passiv, symmetrisch und asymmetrisch. Sie ist ein Sichbestimmenlassen, das zu einer rücksichtsvollen Bestimmtheit im Umgang mit den Anderen führt. [...] Sie will nicht über die Anderen bestimmen, sondern – soweit es geht – mit ihnen" (Seel 2002, S. 298).[5]

Damit ist auch explizit der Bereich der Friedensethik erreicht. Im vorgegebenen Rahmen müssen weiterführende Erwägungen allerdings noch unterbleiben. Ich begnüge mich daher mit drei Hinweisen, die sich hinsichtlich der Friedensethik aus den vorgetragenen Gedankengängen geradezu zwingend ergeben:

Erstens: Unter den Bedingungen fortlaufend korrektur- und ergänzungsbedürftiger Informationen und Analysen sowie stets durch Herrschaftsverhältnisse mitgeleiteter Kommunikation ist der Friedensethik zuerst die Verteidigung von Wahrnehmungs- und Verständigungskompetenzen aufgegeben. Wahrnehmungs- und Deutungskritik, einschließlich der Reflexion methodisch bedingter Reduktionen, gehört zentral zu ihrem Geschäft.

Zweitens: Der weithin geteilte kategorische Friedensimperativ, verstanden als Kriegsächtung und Gewaltverbot, rechtfertigt keinen bekenntnisfreudigen Normativismus. Der Ernstfall pazifistisch orientierter Friedenspolitik ist deren pragmatische Konkretisierung, die, wo immer das prima facie Gebotene eben nicht als strikt befolgungsgültige Handlungsanweisung zu verantworten ist, Umwege konzipiert, auf denen es als verbindliches Handlungsziel jedoch intakt bleibt.

5 Vgl. in diesem Zusammenhang auch Seel (1995, S. 256-320); Levinas (2005, S. 9-59) sowie die Kant und Levinas vergleichenden Darlegungen von Liebsch (1999, S. 51-74).

Drittens: Effektive Friedenarbeit darf sich nicht der Dominanz (quasi-)technokratischer Politikverständnisse beugen. Befriedungsprozesse können nicht einfach gemäß der (Herstellungs-) Logik strategischer Vernunft organisiert werden. Sie brauchen vielmehr die Fähigkeit zur dialogischen Erarbeitung tragfähiger Problemlösungen mit den jeweils Beteiligten und Betroffenen, und dazu gehört, allzu oft zu wenig bedacht, differenziert informiertes Zeitbewusstsein (vgl. Schües und Delhom 2016): unter anderem das Wissen um den jeweils rechten Moment für Initiative und Reaktion, für entschlossene Positionierung oder sensibles Innehalten – und in der Auseinandersetzung mit widerständig Fremdem vor allem sehr viel enttäuschungsresistente Geduld.

Literatur

Dalferth, Ingolf Ulrich und Philipp Stoellger (Hrsg.). 2005. *Krisen der Subjektivität. Problemfelder eines strittigen Paradigmas.* Tübingen: Mohr Siebeck.

Ebeling, Klaus. 2002. Wie viel Wertedissens verlangt die Innere Führung? In *Innere Führung – Dekonstruktion und Rekonstruktion*, hrsg. von Wilfried Gerhard, 60-81. Bremen: Temmen.

Ebeling, Klaus. 2006. *Militär und Ethik. Moral- und militärkritische Reflexionen zum Selbstverständnis der Bundeswehr.* Stuttgart: Kohlhammer.

Klaus Ebeling und Hermann Schrödter. 2011. Was heißt: sich im Leben orientieren? In *Orientierung Weltreligionen*, hrsg. von Klaus Ebeling, 8-12. 2. Aufl. Stuttgart: Kohlhammer.

Forst, Rainer. 2011. *Kritik der Rechtfertigungsverhältnisse. Perspektiven einer kritischen Theorie der Politik.* Frankfurt a. M.: Suhrkamp.

Gemeinsame Synode der Bistümer in der Bundesrepublik Deutschland 1971-1975. 1976. *Beschluss „Unsere Hoffnung"*. Bonn: Sekretariat der Deutschen Bischofskonferenz.

Gerber, Doris. 2010. Der Begriff der kollektiven Verantwortung: Ist individuelle Verantwortung das richtige Modell für kollektive Verantwortung? In *Kollektive Verantwortung und internationale Beziehungen*, hrsg. von Doris Gerber und Véronique Zanetti, 66-93. Berlin: Suhrkamp.

Gerhard, Wilfried (Hrsg.). 2002. *Innere Führung – Dekonstruktion und Rekonstruktion*. Bremen: Temmen.

Gerhardt, Volker. 2000. *Individualität. Das Element der Welt*. München: C. H. Beck.

Gerhardt, Volker. 2007. *Partizipation. Das Prinzip der Politik*. München: C. H. Beck.

Gerhardt, Volker. 2012. *Öffentlichkeit. Die politische Form des Bewusstseins*. München: C. H. Beck.

Gerhardt, Volker. 2016: Vom Grund zum Sinn. In *Gott und Sinn. Im interdisziplinären Gespräch mit Volker Gerhardt*, hrsg. von Michael Kühnlein, 201-238. Baden-Baden: Nomos.

Henrich, Dieter. 1982. *Fluchtlinien. Philosophische Essays*. Frankfurt a. M.: Suhrkamp.

Henrich, Dieter. 2007. *Denken und Selbstsein. Vorlesungen über Subjektivität*. Frankfurt a. M.: Suhrkamp.

Henrich, Dieter (interviewt von Andrea Marlen Esser und Hans-Peter Krüger). 2017. Subjektivität und Metaphysik. *Deutsche Zeitschrift für Philosophie*, 65 (2): 302-336.

Kant, Immanuel. 1998 [1781/87]. *Kritik der reinen Vernunft*, hrsg. von Jens Timmermann. Hamburg: Meiner.

Kant, Immanuel. 1968 [1795]. Zum ewigen Frieden. In *Kants Werke. Akademie Textausgabe [AA], Bd. VIII*, 341-386. Berlin: de Gruyter.

Kant, Immanuel. 1968 [1786]. Was heißt: Sich im Denken orientieren? In *Kants Werke. Akademie Textausgabe [AA]*, Bd. VIII, 131-148. Berlin: de Gruyter.

Kant, Immanuel. 1968 [1800]. Immanuel Kant's Logik. Ein Handbuch zu Vorlesungen, hrsg. von Gottlob Benjamin Jäsche. In *Kants Werke. Akademie Textausgabe [AA], Bd. IX*, 1-150. Berlin: de Gruyter.

Kühnlein, Michael (Hrsg.). 2016: *Gott und Sinn. Im interdisziplinären Gespräch mit Volker Gerhardt*. Baden-Baden: Nomos.

Levinas, Emmanuel. 2005. *Humanismus des anderen Menschen*. Hamburg: Felix Meiner.

Liebsch, Burkhard. 1999. *Moralische Spielräume. Menschheit und Anderheit, Zugehörigkeit und Identität.* Göttingen: Wallstein.

Marquard, Odo. 1981. *Abschied vom Prinzipiellen. Philosophische Studien.* Stuttgart: Reclam.

Marquard, Odo. 1986: *Apologie des Zufälligen. Philosophische Studien.* Stuttgart: Reclam.

Platon. 2011 [428/7 – 348/7 v.Chr.]. Politeia. In *Platon. Werke, Bd. 4,* hrsg. von Gunther Eigler. 6. Aufl. Darmstadt: Wissenschaftliche Buchgesellschaft.

Schaeffler, Richard. 2017. *Unbedingte Wahrheit und endliche Vernunft. Möglichkeiten und Grenzen menschlicher Erkenntnis.* Wiesbaden: Springer VS.

Schildknecht, Christiane. 2005. Argument und Einsicht. Orientierungswissen als Begründungswissen? In *Orientierung. Philosophische Perspektiven,* hrsg. von Werner Stegmaier, 138-152. Frankfurt a. M.: Suhrkamp.

Schnädelbach, Herbert. 2005. *Kant.* Leipzig: Reclam.

Schües, Christina und Pascal Delhom (Hrsg.). 2016. *Zeit und Frieden.* Freiburg: Karl Alber.

Seel, Martin. 1995. *Versuch über die Form des Glücks. Studien zur Ethik.* Frankfurt a. M.: Suhrkamp.

Seel, Martin. 2002. *Sich bestimmen lassen. Studien zur theoretischen und praktischen Philosophie.* Frankfurt a. M.: Suhrkamp.

Stegmaier, Werner (Hrsg.). 2005a. *Orientierung. Philosophische Perspektiven.* Frankfurt a. M.: Suhrkamp.

Stegmaier, Werner. 2005b. Nach der Subjektivität: Selbstbezüge der Orientierung. In *Krisen der Subjektivität. Problemfelder eines strittigen Paradigmas,* hrsg. von Ingolf Ulrich Dalferth und Philipp Stoellger, 79-101. Tübingen: Mohr Siebeck.

„Differenzierter Konsens?“
Das Leitbild des gerechten Friedens und seine umstrittene Anwendung

Roger Mielke

1 Einleitung

Der Wiener Ethiker Ulrich Körtner (2015, S. 7) konstatierte angesichts der Debatten um den Afghanistaneinsatz der Bundeswehr und die Waffenlieferungen in den Nordirak, dass die Friedensdenkschrift von 2007 „keine ausreichende Basis zu bieten [scheint] , um zu einer klaren kirchlichen Position zu finden, die in der politischen Debatte über Deutschlands aktuelle und künftige Rolle in der internationalen Sicherheitspolitik eine substantielle Orientierungshilfe bieten könnte“. Im Hintergrund dieser, auch von anderen publizistischen Beobachtern geteilten Diagnose (z. B. Schwarzkopf 2014; Neubauer 2014) stand die Beobachtung, dass die Kammer für Öffentliche Verantwortung der EKD in ihrem am Anfang des Jahres 2014 veröffentlichten Votum zum Afghanistaneinsatz der Bundeswehr (EKD 2013) zwar einen Konsens in Bezug auf das Leitbild des gerechten Friedens[1] ausdrücken

1 So wie es in der EKD-Friedensdenkschrift von 2007 entwickelt wurde (EKD 2007).

konnte, in der Beurteilung einer Reihe von wichtigen politischen und militärischen Einzelfragen aber nicht zu einem gemeinsamen Urteil gekommen war, sondern mehrere Dissense förmlich in ihrem Papier festhielt. Damit stand die Frage im Raum, wie es um die Orientierungsleistung des friedensethischen Leitbildes des gerechten Friedens überhaupt bestellt sei. Wieviel Dissens kann das Leitbild aushalten, ohne grundsätzlich unbrauchbar zu werden? Wieviel Konsens in der Anwendung auf konkrete Fragen politischer Gestaltung ist nötig und möglich?

Die folgenden Überlegungen wollen diesen Fragen nachgehen. Sie versuchen in einem ersten Schritt, den Konsens hinsichtlich des gerechten Friedens zu rekonstruieren, und skizzieren dann Art und Hintergründe der im Afghanistantext formulierten Dissense. Zwei weitere Abschnitte versuchen, ausgehend vom friedensethischen Beratungsprozess der Kammer für Öffentliche Verantwortung, stärker verallgemeinerte Vorstellungen von der produktiven Kraft von Dissensen in der ethischen Urteilsbildung zu entwickeln: zum einen im Hinblick auf die innerkirchliche Dimension, zum anderen in der Frage nach der Rolle und Bedeutung ethischer Positionierungen der Kirche in den Öffentlichkeiten der pluralistischen Demokratie.

2 Das Leitbild des gerechten Friedens: Orientierung und Konsens

In der Friedensethik des deutschen Protestantismus gilt das Leitbild des gerechten Friedens als „*magnus consensus*“ (EKD 2013, S. 8).[2] Dieser „große Konsens“ bezeichnet ein Konzept, das, bei aller zu

2 Zur ekklesiologischen Quelle der Rede vom *magnus consensus* siehe FN 12.

wahrenden Differenz zwischen Moral und Ethik auf der einen Seite und Recht und Politik auf der anderen Seite, politische Orientierungskraft bieten soll. Der soziale Ort dieses *magnus consensus* ist zunächst der deutsche Protestantismus und in einem weiteren Schritt die Christenheit in ökumenischer Weite. Darüber hinaus ist dieser *consensus* zumindest von seinem grundsätzlichen Anspruch her darauf angelegt, in der gesellschaftlichen und politischen Öffentlichkeit gehört und geteilt zu werden.

Damit steht das Leitbild des gerechten Friedens, wie es für den Raum der evangelischen Kirche maßgeblich in der EKD-Friedensdenkschrift des Jahres 2007 formuliert wurde, für eine Ethik des Politischen, die zwar ihre konzeptionelle Prägung durch deutsche Wissenschaftstraditionen nicht leugnen kann, diese jedoch in globalen Zusammenhängen verortet. Das Leitbild nimmt Entwicklungen aus der weltweiten Christenheit auf, die seit den großen ökumenischen Versammlungen der 1980er Jahre zu einem *Just Peace*-Paradigma innerhalb der ökumenischen Bewegung geführt haben. Der *Ecumenical Call to Just Peace* des Ökumenischen Rates der Kirchen aus dem Jahr 2011 etwa verwendet das *Just Peace*-Konzept als ein „framework of analysis", das auch „criteria for action" anbiete – und damit „a fundamental shift in ethical practice" umfasse. „Just Peace" solle damit für einen „new ecumenical consensus on justice and peace" stehen bzw. diesen prozessual, insbesondere im Verhältnis zwischen globalem Süden und den Ländern des Nordens, ermöglichen (WCC 2011, S. 1). Das Konzept des gerechten Friedens wird sowohl in den EKD-Texten als auch in den ökumenischen Dokumenten mit einem doppelten Anspruch versehen: Es wird zum einen als eine tief in den Quellen, Basistexten und geistlichen Traditionen der Christenheit verankerte Rahmenkonzeption verstanden und zum anderen als eine handlungsleitende normative Orientierung. Wenn die EKD-Texte vom „Leitbild" des gerechten Friedens sprechen, scheint damit genau dieser doppelte Anspruch von Allgemeinem und Besonderem, von Rahmenkonzeption und Handlungsorientierung aufgerufen zu werden. Wie allerdings der normative Status eines Leitbildes genauer zu bestimmen ist und im Kontext der Systematisierungsleistung ethischer Theoriebildung zu präzisieren wäre, ist doch recht offen. Der Terminus „Leitbild" ist terminologisch nicht scharf bestimmt.[3] Diese produktive Un- oder Unterbestimmtheit teilt der Begriff des Leitbildes mit dem der Orientierung[4], in dem ebenso verhaltens- und handlungsorientierende Bedeutungsgehalte mitgeführt werden. Im kantianisch geprägten Argumentationsmodell der Friedensdenkschrift erfüllt das Leitbild die Funktion einer „regulativen Idee"[5], eines zwar die Grenzen der Erfahrung übersteigenden, gleichwohl praktisch notwendigen Orientierungspunktes der Vernunft. In der EKD-Friedensdenkschrift ist der Anspruch denn auch ausdrücklich formuliert, „einen neuen grundlegenden Beitrag zur friedensethischen und friedenspolitischen *Orientierung*" (EKD 2007, S. 8, Hervorh. d. Verf.) zu liefern. Orientierung kann hier heißen: Das Leitbild richtet das Handeln auf ein Ziel hin aus, ohne doch bis in die einzelnen Handlungen

---

3 Der Begriff des Leitbildes wird in der Friedensdenkschrift terminologisch nicht scharf verwendet. So wird beispielsweise in Ziff. 1 das Wort „Leit*bild*" verwendet, im Vorwort ist die Rede vom „Leit*gedanken*" und der „Leit*idee*" und in Ziff. 73 heißt es dann „Leit*perspektive*". In jedem Fall werden Assoziationen aufgerufen, die eher auf Offenheit und die Bedeutung von Urteilskraft und Anwendungskontexten hinweisen.

4 Immanuel Kant (1969 [1786]) führt den Begriff der Orientierung ein, um die Funktionsweise der (praktischen) Vernunft in der Anwendung auf Gegenstände zu beschreiben, die den Bereich des Erfahrungswissens übersteigen.

5 „Dagegen aber haben sie [die transzendentalen Ideen] einen vortrefflichen und unentbehrlich notwendigen regulativen Gebrauch, nämlich den Verstand zu einem gewissen Ziele zu richten" (Kant 1963 [1781], S. 208).

hinein bestimmend wirken zu können. In diesem Sinne spricht die Friedensdenkschrift vom Konzept des gerechten Friedens als einer „Zielperspektive“, die gleichwohl schon die einzelnen Schritte auf dem Weg zu diesem Ziel mit umfasst und prägt:

> „Friede erschöpft sich nicht in der Abwesenheit von Gewalt, sondern hat ein Zusammenleben in Gerechtigkeit zum Ziel. In diesem Sinn bezeichnet ein gerechter Friede die Zielperspektive politischer Ethik. Auf dem Weg zu diesem Ziel sind Schritte, die dem Frieden dienen ebenso wichtig wie solche, die Gerechtigkeit schaffen“ (EKD 2007, Ziff. 80).

Das Vorwort der Friedensdenkschrift erinnert mit Blick auf die Orientierungsleistung an die Aufgabe der Textgattung „Denkschrift“: „In Denkschriften soll nach Möglichkeit ein auf christlicher Verantwortung beruhender, sorgfältig geprüfter und *stellvertretend für die ganze Gesellschaft formulierter Konsens* zum Ausdruck kommen“ (EKD 2007, S. 8, Hervorh. d. Verf.). Der Anspruch ist hoch: Die Denkschrift soll in ihrer friedensethischen Argumentation zum einen ihre spezifische Bindung an die christliche Botschaft und ihren spezifischen Standort in christlicher Tradition, Gemeinschaftsbildung und Praxis nicht leugnen, andererseits aber aus dieser, im Rahmen eines liberalen Ordnungsmodells gesprochen, „partikularen“ Verankerung, „universale“, also das Ganze der Gesellschaft inkludierende Konsequenzen ziehen. Allerdings wird wenige Sätze später konzediert: „Doch dass ein ethischer Konsens unterschiedliche Abwägungen hinsichtlich seiner politischen Konsequenzen zulässt, ist nicht ungewöhnlich“ (EKD 2007, S. 9). Im Afghanistantext wird diese Unterscheidung von Konsens und Konsequenz im Begriff des „differenzierten Konsens(us)“ (EKD 2013, S. 8) aufgenommen. Als „differenziert“ lässt sich dieser Konsens beschreiben, weil er Einigkeit auf der Ebene der normativen Prinzipien und wohl auch noch Konsens auf der Ebene der mittleren moralischen Regeln von Dissensen in konkreten Handlungsalternativen unterscheidet (vgl. Nida-Rümelin 2005, S. 60). Der Dissens in den letzteren dementiert nicht den Konsens in den ersteren.

Wenn allerdings Art und Umfang des Konsenses im Leitbild des gerechten Friedens genauer beschrieben werden sollen, fällt auf, dass die „Grundsätze und Maximen" der Friedensdenkschrift (EKD 2007, S. 9)[6] ein insgesamt ausgesprochen voraussetzungsreiches und in sich vielfältiges Ensemble bilden. Dieses Ensemble umfasst:

a. das durch die politische Philosophie Immanuel Kants inspirierte Konzept des Rechtsfriedens, das Frieden an die Entwicklung und das Bestehen einer internationalen Rechtsordnung im Kontext eines liberalen Kooperationsmodells der Internationalen Beziehungen bindet (vgl. Hasenclever 2010). Dieses Konzept hat seine normativen Grundlagen in der „Anerkennung eines egalitären Status universell aller Personen und ihre Anerkennung als Rechtssubjekte" (Chwaszcza 2005, S. 160; vgl. Reuter 2007). Das Konzept setzt das Bestehen starker und funktionsfähiger einzelstaatlicher und internationaler Institutionen voraus. Dabei ist militärische Gewalt grundsätzlich geächtet und nur legitim, wenn sie als „rechtserhaltende Gewalt" an strenge völkerrechtliche Regeln und Prozeduren gebunden wird, die in der Lage sind, das Recht durchzusetzen. Es gilt die „vorrangige Option für die Gewaltfreiheit" (EKD 2007, Ziff. 99).

---

6 Den normativen Prinzipien werden hier „Maximen" an die Seite gestellt. Unter Maximen sind verallgemeinerte, schon auf typische Handlungssituationen hin formulierte Regeln zu verstehen. Insofern Maximen bereichsspezifische Konkretionen von normativen Prinzipien artikulieren, stehen sie den „mittleren moralischen Regeln" nahe (vgl. Nida-Rümelin 2005).

b. einen mehrdimensionalen prozessualen Friedensbegriff (vgl. EKD 2007, Ziff. 78-84) als „gesellschaftlicher Prozess abnehmender Gewalt und zunehmender Gerechtigkeit“, der auf „Vermeidung von Gewaltanwendung, die Förderung von Freiheit und kultureller Vielfalt sowie auf den Abbau von Not gerichtet“ ist (EKD 2007, Ziff. 80). Dieser weite Friedensbegriff ist konzeptionell verklammert mit menschenrechtlich basierten Konzepten von „menschlicher Sicherheit“ und „menschlicher Entwicklung“, mit denen auch Fragen internationaler Verteilungsgerechtigkeit angesprochen sind (vgl. EKD 2007, Ziff. 91-94, 184-193), sowie
c. eine locker mit diesen universalistischen politischen Konzepten verklammerte narrative Fundierung des gerechten Friedens in biblischen Quellen, christlicher Tradition und in religiösen Praktiken.

Ein Blick auf die innere Pluralität dieses Ensembles macht verständlich, dass ein Konsens schon an den Bruchlinien der einzelnen normativen Elemente infrage gestellt werden kann, noch ganz abgesehen von der Frage der Ableitung von Handlungsverpflichtungen aus den normativen Prinzipien und der Berücksichtigung der empirischen Kontextbedingungen.

3 Dissens in der friedensethischen Urteilsbildung: Der Afghanistantext der Kammer für Öffentliche Verantwortung

So kann sehr grundsätzlich infrage gestellt werden, ob vom konzeptionellen Rahmen des gerechten Friedens her konsensuelle Urteile bis in Einzelfragen hinein überhaupt wahrscheinlich sind. Der Afghanistantext der Kammer für Öffentliche Verantwortung soll hier als ethische Urteilsbildung im Vollzug gelesen werden, anhand dessen der argumentative Weg von den Prinzipien des gerechten Friedens bis hin zu den Einzelurteilen rekonstruiert werden kann. Dazu ist es hilfreich, genauer zu betrachten, an welchen Stellen im Beratungsprozess der Kammer Dissense aufgetreten sind, auf welcher Ebene sie artikuliert wurden und welche Elemente des oben aufgewiesenen Begründungszusammenhangs sie betreffen. Die Dissense werden im Afghanistanpapier als „argumentative Gabelungen" markiert, an denen Sondervoten eines Teils der Kammer von der Mehrheitsmeinung innerhalb der Kammer abweichen. Solch Gabelungen finden sich zu folgenden Fragen:

a. Ist für den Afghanistaneinsatz der Bundeswehr der Fall des Selbstverteidigungsrechts nach Art. 51 UN-Charta gegeben, wie es der UN-Sicherheitsrat in seinen Resolutionen 1368 und 1386 aus dem Jahre 2001 festgestellt hat, und kann das Selbstverteidigungsrecht, wie in den jährlichen Verlängerungen der Einsatzmandate geschehen, auch nach 15 Jahren militärischem Einsatz noch moralisch gerechtfertigt in Anspruch genommen werden? (vgl. EKD 2013, Ziff. 5f.)
b. Ist es mit Blick auf die Bündnissolidarität, d. h. hinsichtlich der Tatsache, dass die unterschiedlichen politischen und militärischen Kulturen von 85 an ISAF (und OEF) beteiligten Staaten innerhalb eines gemeinsamen Einsatzes abzustimmen sind, gerechtfertigt, die Kriterien des gerechten Friedens für den Einsatz rechtserhaltender Gewalt nicht in vollem Umfang zu berücksichtigen – etwa weil im Falle eines Normenkonflikts oder einer Güterabwägung der (friedenssichernden) Handlungsfähigkeit der internationalen Gemeinschaft Vorrang vor anderen Normen und Gütern eingeräumt wird? (vgl. EKD 2013, Ziff. 10)
c. Wie ist die Praxis des forcierten Einsatzes von unbemannten Flugkörpern („Kampfdrohnen") im Rahmen der *Counterinsurgency*-Strategie (COIN) der OEF zu bewerten? Handelt es sich

bei gezielten Tötungen um völkerrechtswidrige Angriffe auf Nichtkombattanten, die gegen das Diskriminationsgebot des humanitären Völkerrechts verstoßen? Oder sind die getöteten Personen in einem erweiterten Sinne als Kombattanten anzusehen, so dass die Tötungen völkerrechtlich legal und moralisch legitim sind? (vgl. EKD 2013, Ziff. 15f.; vgl. auch Rudolf und Schaller 2012)

Alle drei Dissense betreffen die Kriterien der Anwendung rechtserhaltender Gewalt, wie sie aus der Tradition des gerechten Krieges in die Friedensdenkschrift übernommen und in den Kontext des durch die UN-Charta geprägten modernen Völkerrechts eingepasst wurden (vgl. EKD 2007, Ziff. 101f.). Es geht in (a) um Art und Umfang des Selbstverteidigungsrechts, in (b) um die Frage der Anwendung der Kriteriologie insgesamt und in (c) mit Blick auf das *ius in bello* um die Kriterien der *discriminatio*, der Unterscheidung von Zivilisten und Kombattanten, und der *proportionalitas*, der Verhältnismäßigkeit des Gewalteinsatzes.

Versucht man diese Dissense näher zu bewerten, so scheinen sie jeweils auf jeder der drei oben beschriebenen Ebenen zu liegen: auf der Ebene der normativen Prinzipien, der mittleren moralischen Regeln und der empirischen Kontextbedingungen:

a. Dissense entstehen durch unterschiedliche Hintergrundüberzeugungen und Rahmentheorien. Im friedensethischen Gegenstandsfeld können es unterschiedliche politische Ordnungsvorstellungen sein, etwa hinsichtlich der Bedeutung des Rechts oder der Institutionen in den internationalen Beziehungen. Auch theologische Traditionen hinsichtlich der Bewertung von Gewalt, Krieg oder der Bedeutung und Aufgaben des Staates und politischer Autorität können auf dieser Ebene zu Dissensen führen (vgl. u. a. Rudolf 2014).

b. Dissense entstehen bei geteilten (oder doch zumindest „überlappenden") Hintergrundüberzeugungen auch auf der mittleren Ebene von Regelkonflikten und Güterabwägungen. Ist etwa die friedensfördernde und gewaltmindernde Bedeutung breiter internationaler Koalitionen höher einzuschätzen als die unbedingte und vollständige Anwendung der Kriterien rechtserhaltender Gewalt? Oder: Wie sind die kategorische Forderung nach Gewaltfreiheit und die Suche nach jeweils gewaltärmeren Handlungsmöglichkeiten gegeneinander abzuwägen und ggf. zu skalieren? Diese Aufgabe ergibt sich regelmäßig im Blick auf die gegebenenfalls durch den militärischen Gewalteinsatz zu realisierende Schutzverantwortung.[7]
c. Eine dritte Quelle von Dissens liegt in unterschiedlichen empirischen Beschreibungen (vgl. Fischer et al. 2008, S. 126) und normativen Bewertungen von Handlungssituationen bzw. der in diesen Situationen auftretenden komplexen Konstellationen von Akteuren und Sachverhalten. Ein Beispiel dafür ist im Afghanistantext die auch international vieldiskutierte Frage nach dem Kombattantenstatus von nicht regulären Kämpfern im nichtinternationalen bewaffneten Konflikt (vgl. Koch 2017; Frowe 2016, S. 123-181, 205-211). Die Bewertung des *targeted killing* etwa entweder als völkerrechtswidriger oder als legitimer

---

7 Vgl. dazu die Debatten um die Unterstützung der EKD für Waffenlieferungen an die kurdischen Peschmerga im Nordirak oder für den Einsatz von Aufklärungsflugzeugen der Bundeswehr für die Unterstützung von Luftangriffen gegen den sog. IS in Syrien. Müssen alle Kriterien von Ziff. 102 erfüllt sein, reicht eine Annäherung an diese, und wenn ja, in welchem Umfang? Wie lässt sich der (der Ethik Bonhoeffers entlehnte) Topos bewerten, dass man „so oder so schuldig" werde? Liegen hier, wie öfter zumindest rhetorisch in Anspruch genommen, dilemmatische Situationen, also unausweichliche Konflikte von gleichrangigen Normen, vor? (für den Fall der Intervention in Libyen 2011 vgl. Rudolf 2013).

Praxis des Gewalteinsatzes hängt von der Klärung der Frage des Kombattantenstatus ab. Diese Frage ist nicht rein empirisch zu beantworten, sondern wiederum von normativen Rahmenkonzepten und Interpretationen abhängig. Dies macht auch darauf aufmerksam, dass es eine reine begriffslose Empirie nicht gibt. Die Vorstellung eines einfachen Konzepts von normativen Prinzipien, die auf Einzelfälle unter Beachtung empirischer Rahmenbedingungen „angewandt" würden, führt in die Irre.

Im Ganzen ergibt sich damit die Aufgabe, von Teilkonsensen auszugehen und diese möglichst deliberativ auszuweiten: mit Blick auf Hintergrundüberzeugungen, Regelanwendungen und empirischen Rahmenbedingungen. Gut ist es, sich deutlich zu machen, wie anspruchsvoll diese Aufgabe angesichts der doppelten Komplexität zum einen des friedensethischen Konzepts und zum anderen der Handlungskontexte ist. Auch ein vorausgesetzter Konsens, wie der Konsens in den Grundsätzen und Maximen des gerechten Friedens, kann immer nur vorläufig sein und muss sich bewähren, gegebenenfalls sich auch verändern und in neuen Fragen münden. Ein Konsens kann nur Standortbestimmung und Ausgangspunkt für weitergehende Verständigungsprozesse sein.[8]

---

8 So heißt es bei Gerhard Sauter (1988, S. 76) mit Blick auf theologisches Argumentieren: „Ein bereits formulierter Konsens [...] ist Ausgangspunkt theologischer Wahrheitsfindung allein deshalb, weil hier der Standort markiert wird, von dem aus wir weitere Aussagen gewinnen, deren Geltungsanspruch geprüft werden kann (wahrheitsfähige Aussagen)." Der von Sauter gemeinte Konsens bezieht sich auf das Dogma bzw. Bekenntnis der Kirche, betrifft also propositionale Sätze. Das Argument kann aber nichtsdestoweniger auch auf normative Sätze angewandt werden.

4 Ethische Orientierung im innerkirchlichen Gespräch

Zu den Rahmenbedingungen ethischer Urteilsbildung und damit zu den Bedingungen für die Figurationen von Konsens und Dissens gehören nicht nur normativen Konzepte und empirische Handlungskontexte. Entscheidend sind auch die Akteure, die an Prozessen ethischer Urteilsbildung beteiligt sind, ihre jeweilige soziale Verankerung und ihre pragmatischen Kontexte (vgl. MacIntyre 1984, 1988).[9] Dissense können zu einem nicht geringen Teil auf diese unterschiedlichen pragmatischen Kontexte[10] und die damit verbundenen Hintergrundüberzeugungen zurückgeführt werden, die auch personal verdichtet und habitualisiert[11] sein werden – etwa wenn in kirchlichen Gremien, aber auch in der politischen Arena, Soldaten und Pazifistinnen zusammenarbeiten und gemeinsam urteilen sollen. Entscheidend ist hier, für welche Person, in welcher sozialen Rolle und im Blick auf welche gegebene Entscheidungssituation ethische Orientierung überhaupt geboten werden soll. Ethische Reflexion ist jeweils, in aller Differenz von Person, Rolle und Situation angewiesen auf die ihr vorausliegende

---

9 Nach dem „MacIntyrian"-Argument sind ethische Reflexion und moralische Urteile nur sinnvoll zu rekonstruieren, wenn sie verstanden werden als gebunden an das Ethos und die sozialen Praktiken von Gemeinschaften.

10 Zu unterschiedlichen politischen Ordnungsvorstellungen und den darauf zu beziehenden Begriffen des Friedens und der friedensstiftenden Praktiken vgl. Bonacker (2007, S. 90-93).

11 So das eindringliche Insistieren von Stanley Hauerwas (1983, 1981, S. 111ff.) darauf, kirchliche Friedensethik tugendethisch zu konzipieren. Zur deutschsprachigen Rezeption vgl. Hütter (1993, S. 239ff.). Für unseren Fragenkreis bedeutsam ist v. a. die Rekonstruktion der „narrativen Kasuistik" bei Hauerwas.

Moral, die wiederum von einem sozial verankerten und habitualisierten Ethos zehrt. Ethik ist zwar auch und sogar wesentlich als Praxis der Distanznahme von dieser sozialen Verankerung und Habitualisierung zu verstehen, sie wird sich aber gleichwohl nie ganz von diesen Spezifika lösen können und wollen.

Im Kontext ethischer Beratung in kirchlichen Gremien müssen auch ekklesiologische Fragen mit reflektiert werden (vgl. Stobbe 2017). Ist es überhaupt angemessen, im Text eines Beratungsorgans wie der Kammer für Öffentliche Verantwortung „den“ Standpunkt „der“ evangelischen Kirche finden zu wollen? Zumindest zwei Schwierigkeiten ergeben sich angesichts dieser Anforderung. Zum einen ist der Status kirchlicher Stellungnahmen wie etwa des Afghanistantextes relativ unklar. Der Afghanistantext ist deklariert als „*Stellungnahme* der Kammer für Öffentliche Verantwortung“. Damit unterscheidet er sich von der Friedensdenkschrift, die zum einen, wie das Genus der *Denkschrift* überhaupt, auf einer grundsätzlicheren Ebene argumentiert, zum anderen auch den Anspruch erhebt, in einer breiteren Öffentlichkeit Gehör zu finden. Hinter dieser Differenzierung der Textgattungen aber verbirgt sich eine tiefere Unklarheit hinsichtlich des Status der publizierten Texte und Stellungnahmen überhaupt: Sind sie von vornherein so etwas wie „verbindliche Lehre“ der Kirche und markieren damit eindeutig eine kirchliche Position? Oder werden sie erst in einem Prozess der Rezeption zu gültigen und verbindlichen Positionsbestimmungen der Kirche, die auch die Kraft haben, weitere Urteilsbildungen anzuleiten und gegebenenfalls sogar zu binden? Der Afghanistantext scheint dem Leitbild des gerechten Friedens einen derartigen Status von Verbindlichkeit zuzuschreiben, wenn es als „*magnus consensus*“[12] bezeichnet wird. Welche verpflichtende

12 Zu der aus CA I abgeleiteten Formel des „magnus consensus“ und dem wichtigen Hinweis, dass ein „magnus consensus“ nicht hergestellt,

Kraft diesem vorausgesetzten Konsens dann allerdings in weiteren Beratungsprozessen und etwa im Durchgriff auf moralische Urteile in einzelnen und konkreten Fragen tatsächlich zukommt, ist in der evangelischen Kirche weitgehend unausgewiesen und offen.

Im Hintergrund stehen hier auch Fragen der theologischen Selbstbeschreibung der Kirche, also der dogmatischen Ekklesiologie. Die vor allem in der medialen Öffentlichkeit formulierte Erwartung, es müsse eine eindeutig festgelegte Position „der Kirche“ auch in detaillierten Einzelfragen geben, ist unangemessen und setzt ein viel zu homogenes Bild und Selbstbild von Kirche voraus. Problematisch wird es, wenn diese Erwartung umstandslos in die Selbstbeschreibung kirchlicher Gremien übernommen wird, etwa in diejenige von Beratungsgremien (wie der Kammer) oder gar von Leitungsorganen von höherer Repräsentativität (wie Kirchenleitungen, Synoden oder der Rat der EKD).

Wenn diese Erwartung problematisiert wird, ist damit noch nicht der Anspruch aufgegeben, im ethischen Beratungsprozess einen möglichst umfassenden und weitgehenden Konsens zu erzielen, der normative Prinzipien, mittlere Regeln und in der Konsequenz auch einzelne Handlungssituationen umfassen kann. Schon gar nicht könnte es um die Behauptung eines grundsätzlichen Pluralismus gehen, der als auszeichnendes Merkmal einer sich dann pointiert „protestantisch“ nennenden Kirche gelten könnte. Der Weg zum Konsens, d. h. zum gemeinsamen Urteil in Prinzipien, Regeln und konkreten Handlungssituationen, bleibt aufgegeben.

Die besondere Aufgabe der Kammer für Öffentliche Verantwortung als eines Gremiums von Personen, die gleichzeitig als Experten und Christinnen urteilen, ist es, in Anwendung auf konkrete

sondern vorgefunden werde, vgl. VELKD (2013, S. 5-7); zur Diskussion und Unschärfe des *Just Peace*-Leitbildes in ökumenischen Kontexten vgl. Werkner (2017).

Fragestellungen wohlerwogene moralische Urteile, moralische Prinizipien und Hintergrundüberzeugungen („comprehensive moral and philosophical views“) in ein „reflective equilibrium“ (Daniels 2016) zu bringen.[13] Je komplexer und umstrittener die Fragen sind, desto weniger ist zwar zu erwarten, dass auf diesem Wege ein vollständiger und umfassender Konsens erzielt werden kann, desto dringender aber wird auch die Erwartung, Räume der Verständigung mit großer Geduld auszumessen. Dabei ist für ein theologisch reflektiertes Verständnis von Konsens, wie es etwa Gerhard Sauter vertritt (vgl. FN 8), zu bedenken, dass rationales Argumentieren eine zwar notwendige, aber keine hinreichende Bedingung für Konsensbildung im Raum der Kirche darstellt. Sauter stellt die Prozesse der Konsensbildung in einen pneumatologischen Referenz- und Begründungsrahmen. Wenn ein Beratungsgremium wie die Kammer für Öffentliche Verantwortung sich als Teil der Kirche versteht, wäre zu bedenken, wie dieser pneumatologische Horizont der Konsensbildung angemessen mit bedacht werden kann.

5 Kirchliche Ethik im politischen Raum?

Von der Frage der Konsensbildung innerhalb des kirchlichen Raumes und innerhalb eines kirchlichen Beratungsprozesses ist zu unterscheiden, in welcher Weise kirchliche Positionen im

---

13 Das anzustrebende *reflective equilibrium* (hier als deliberatives Verfahren verstanden) enthält im Kontext kirchlicher Beratungen Elemente, die zumindest prinzipiell nicht revisionsoffen sind (Schrift, Bekenntnis)! Ob derartige „foundationalist“-Implikationen mit dem Begriff des *reflective equilibrium* überhaupt vereinbar sind, darum wird gestritten. John Rawls (2005) hat dies jedenfalls in seinen späteren Schriften, etwa in „Political Liberalism“, nicht ausgeschlossen.

gesellschaftlichen und politischen Raum zur Geltung gebracht werden können, um damit etwa auch Einfluss auf politische Akteure und Entscheidungen gewinnen und so gesellschaftliche und politische Konsensbildung unterstützen zu können. Damit ist auch die Frage aufgerufen, ob und in welcher Weise Positionen kirchlicher Friedensethik für operative Politik relevant sind. Aus Gründen der medialen Aufmerksamkeitsökonomie mögen klare, abgrenzbare und möglichst eindeutige Positionen höchst wünschenswert sein. Die holzschnittartige Unterscheidung von prinzipientreuer (tendenziell pazifistischer) Gesinnungsethik und situativ flexibler (tendenziell eher den Gewalteinsatz unterstützender) Verantwortungsethik scheint gerade im friedensethischen Feld oftmals die Wahrnehmungen zu dominieren. Diese Unterscheidung pointiert allerdings zu scharf. Konstellationen im Sinne dieser „Idealtypen" im Webereschen Sinne werden empirisch eher selten begegnen. Verantwortungsethiker werden selten prinzipienlos sein, Gesinnungsethikerinnen werden auch über Konsequenzen ihrer Handlungen nachdenken. Die Konjunktur dieser Unterscheidung weist aber wiederum darauf hin, dass als Hintergrundüberzeugungen ethischer Urteilsbildung auch immer Fragen des Verhältnisses von Religion und Politik, von Staat und Kirche, von Partikularem und Universalem mitgeführt werden und dann auch zu Dissensen führen.

Darüber hinaus stellt sich dort, wo um Krieg und Frieden, um Leben und Tod gerungen wird, verschärft die Frage, welche Überzeugungskraft religiösen Argumenten überhaupt im öffentlichen Raum zukommen kann. Müssen religiöse bzw. theologische Argumente gleichsam entsubstantialisiert und prozeduralisiert werden (vgl. Grotefeld 2006), um überhaupt zu einem möglichen Konsens in Fragen politischer Praxis des öffentlichen Gemeinwesens führen zu können – und nicht nur schlicht als Differenz- und Dissens*verstärker* zu fungieren? Oder sollte gerade gegenläufig der prekäre Status religiöser Praktiken und Wissensordnungen in einer liberalen politischen Ordnung dadurch kompensiert werden, dass religiös fundierte Argumente umso eindeutiger artikuliert werden?

Allerdings sind, wie die beschriebenen Dissense zeigen, auch die Kirchen keine homogenen Weltanschauungsgemeinschaften, die als Akteure klar abgrenzbarer Interessen- oder Identitätspolitiken zu beschreiben sind und entsprechend in der gesellschaftlichen Arena agieren. Moralische Dissense innerhalb ethischer Deliberationsprozesse weisen auf „unscharfe Grenzen“ (Reckwitz 2010), aber auch auf unwahrscheinliche Koalitionen und überraschende Entdeckungen in Verständigungsprozessen hin. Darüber hinaus stellt sich die Frage, ob Verständigung aufgrund von geteilten Glaubensüberzeugungen und geteilten religiösen Praktiken im Raum der Kirche trotz aller internen Differenzierungen doch eher als an anderen Orten gelingen kann? Wenn dies so wäre, dann könnten diese Verständigungsprozesse theologisch im Horizont der Pneumatologie verhandelt werden (vgl. Ulrich 2006), die das Verständigung und Einverständnis wirkende Handeln Gottes thematisiert. Unerwartete, überraschende Verständigung kann so einerseits als Wirken des Geistes Gottes verstanden werden. Sie kann aber auch, weil sie im sozialen Feld, mit empirisch beschreibbaren Akteuren und in empirisch beschreibbaren Assoziationen geschieht, im Horizont empirischer Sozialwissenschaft beschrieben werden. Das komplexe Ineinander von leibgebundenen, verkörperten Praktiken, von Routinen religiösen Verhaltens, von reflexiven Wissensordnungen lässt sich etwa im Kontext einer Theorie sozialer Praktiken rekonstruieren (vgl. Reckwitz 2010, S. 97-130). Hier ginge es um den Anteil religiöser Wissensmuster an sozialen Praktiken des Friedens und der Versöhnung (oder an sozialen Gewaltpraktiken). Selbstbeschreibungen religiöser Akteure und Beschreibungen externer (etwa wissenschaftlicher) Beobachter können so komplementäre Perspektiven auf Verständigungsprozesse einnehmen und aufeinander verweisen. Es liegt nahe, unter den Bedingungen eines forcierten gesellschaftlichen Pluralismus Dissense und die diesen folgenden Verständigungsprozesse nicht in erster Linie als Beeinträchtigungen, Defizite und bloße Verdoppelungen gesellschaftlicher Bruchlinien zu verstehen, sondern zumindest grundsätzlich und auf das Ganze hin betrachtet als Ressourcen. In einem immer noch eindrucksvollen Abschnitt seiner Theologischen Ethik hat Helmut Thielicke (1959, S. 190-201) den „Kompromiss" gewürdigt und eingezeichnet in den geschichtstheologischen Rahmen einer Ethik im Interim zwischen der in Christus schon vollzogenen Versöhnung und noch ausstehender Vollendung. Darin wird deutlich, dass ethische Reflexion nicht nur ihren spezifischen Ort (im Sinne von pragmatischen Kontexten) hat, sondern auch ihre spezifische Zeitbestimmung. Diese geschichtstheologische und eschatologische Pointierung des Politischen bleibt für die evangelische Ethik und vor allem für die Friedensethik höchst bedeutsam. Diese in Dissensen sich abbildenden Ressourcen können eingesetzt werden, um die in distinkte Praxis- und Reflexionsformen eingefügten Positionen evangelischer Friedensethik in plural verfasste gesellschaftliche Räume und (und ihrerseits immer an jeweils distinkte, „partikulare" Praxis- und Reflexionsformen gebundene) politische Deliberationsprozesse einzubringen.[14] Ausgesprochen fraglich ist allerdings, ob dabei eine homogene – inhaltlich oder prozedural bestimmte – „öffentliche" Vernunft im Singular als Norm (auf die hin etwa „übersetzt" werden müsste) vorausgesetzt werden kann.

---

14 Peter Dabrock (2007, S. 246) hat für diese Aufgabe den Begriff der „Transpartikularisierung" in die deutsche Debatte eingeführt. Es ist eine offene Frage, ob diese hier vorausgesetzte Unterscheidung von „Partikularem" und „Universalem" für evangelische Ethik letztlich akzeptabel ist.

Im Ganzen können wir konstatieren, dass Konsens und Dissens in Fragen der friedensethischen Urteilsbildung auf eine komplexe Weise miteinander verflochten sind und im Idealfall zu einem differenzierten Konsens finden, in dem die Dissense aufgehoben bleiben. Dass es oft keine „klare" und „eindeutige" evangelische Stimme im politischen Feld gibt, mag mitunter bedauerlich sein. Diese Unklarheit verweist aber auf vielfältige Prozesse der ethischen Deliberation, in denen sich Konsense ausbilden und auch wieder brüchig werden. Diese Prozesse sind die eigentlich orientierende Ressource, die die evangelische Kirche in den politischen Prozess der freiheitlichen Gesellschaft einbringt.

Literatur

Bonacker, Torsten. 2007. Der fragmentierte Friede. Peacebuilding in der entgrenzten Weltgesellschaft, *Zeitschrift für Genozidforschung* 8 (1): 78-99.

Chwaszcza, Christine. 2005. Politische Ethik II: Ethik der Internationalen Beziehungen. In *Angewandte Ethik. Die Bereichsethiken und ihre theoretische Fundierung. Ein Handbuch,* hrsg. von Julian Nida-Rümelin, 156-200. Stuttgart: Kröner.

Dabrock, Peter. 2007. Das Gute des öffentlichen Vernunftgebrauchs. Aktuelle Herausforderungen im Verhältnis von Staat und Kirche., In *Das Gute und die Güter. Studien zur Güterethik*, hrsg. von Hans-Richard Reuter und Torsten Meireis, 231-262. Münster: LIT.

Daniels, Norman. 2016. Reflective Equilibrium, *The Stanford Encyclopedia of Philosophy* (Winter 2016 Edition), http://plato.stanford.edu/archives/win2016/entries/reflective-equilibrium/. Zugegriffen: 7. Juni 2017.

Evangelische Kirche in Deutschland (EKD). 2007. *Aus Gottes Frieden leben – für gerechten Frieden sorgen. Eine Denkschrift des Rates der EKD.* Gütersloh: Gütersloher Verlagshaus.

Evangelische Kirche in Deutschland (EKD) (Hrsg.). 2013. *„Selig sind die Friedfertigen". Der Einsatz in Afghanistan: Aufgaben evangelischer Friedensethik. Eine Stellungnahme der Kammer für Öffentliche Verantwortung der EKD.* Hannover : Kirchenamt der EKD.

Fischer, Johannes, Stefan Gruden, Esther Imhof und Jean Daniel Strub. 2008. *Grundkurs Ethik. Grundbegriffe philosophischer und theologischer Ethik.* Stuttgart: Kohlhammer.

Frowe, Helen. 2016. *The Ethics of War and Peace. An Introduction.* Abingdon: Routledge.

Grotefeld, Stefan. 2006. *Religiöse Überzeugungen im liberalen Staat. Protestantische Ethik und die Anforderungen öffentlicher Vernunft.* Stuttgart: Kohlhammer.

Hasenclever, Andreas. 2010. Liberale Ansätze zum „demokratischen Frieden". In *Theorien der Internationalen Beziehungen*, hrsg. von Siegfried Schieder und Manuela Spindler, 223-253. Opladen: Barbara Budrich.

Hauerwas, Stanley. 1981. *A Community of Character. Toward a Constructive Christian Social Ethic.* Notre Dame: Notre Dame University Press.

Hauerwas, Stanley. 1983. *The Peacable Kingdom. A Primer in Christian Ethics.* Notre Dame: Notre Dame University Press.

Hütter, Reinhard. 1993. *Ethik als kirchliches Zeugnis. Interpretationen zu Schlüsselfragen theologischer Ethik in der Gegenwart.* Neukirchen-Vluyn: Neukirchener Verlag.

Kant, Immanuel. 1963 [1781]. Kritik der reinen Vernunft. In *Immanuel Kant. Gesammelte Schriften. Bd.4 (Abt.1, Werke, Bd.4, Akademieausgabe).* Berlin: De Gruyter.

Kant, Immanuel. 1969 [1786]. Was heißt: sich im Denken orientieren? In *Immanuel Kant. Gesammelte Schriften. Bd.8 (Abt.1, Werke, Bd.8, Akademieausgabe)*, 131-147. Berlin: De Gruyter

Koch, Bernhard. 2017. Diskussionen zum Kombattantenstatus in asymmetrischen Konflikten. In *Handbuch Friedensethik*, hrsg. von Ines-Jacqueline Werkner und Klaus Ebeling, 843-853. Wiesbaden: Springer VS.

Körtner, Ulrich H. J. 2015. Neuer Streit um die Friedensethik. Anmerkungen zur gegenwärtigen Diskussion in der evangelischen Kirche in Deutschland. *Zeitschrift für Evangelische Ethik* 59 (1): 3-7.

MacIntyre, Alasdair. 1984. *After Virtue.* Notre Dame: University of Notre Dame Press.

MacIntyre, Alasdair. 1988. *Whose Justice? Which Rationality?* Notre Dame: Notre Dame University Press.

Neubauer, Hans Joachim. 2014. Gute Frage – echt stark. *Christ & Welt* vom 30. Januar 2014.
Nida-Rümelin, Julian. 2005. Theoretische und angewandte Ethik: Paradigmen, Begründungen, Bereiche. In *Angewandte Ethik. Die Bereichsethiken und ihre theoretische Fundierung. Ein Handbuch*, hrsg. von Julian Nida-Rümelin, 2-87. Stuttgart: Kröner.
Rawls, John. 2005. *Political Liberalism. Expanded Version*. New York: Columbia University Press.
Reckwitz, Andreas. 2010. *Unscharfe Grenzen. Perspektiven der Kultursoziologie*. Bielefeld: Transcript.
Reuter, Hans Richard. 2007. Was ist ein gerechter Frieden? Die Sicht der christlichen Ethik, In *Der gerechte Friede zwischen Pazifismus und gerechtem Krieg. Paradigmen der Friedensethik im Diskurs*, hrsg. von Jean Daniel Strub und Stefan Grotefeld, 175-190. Stuttgart: Kohlhammer.
Rudolf, Peter. 2013. *Schutzverantwortung und humanitäre Intervention. Eine ethische Bewertung der „Responsibility to Protect" im Lichte des Libyen-Einsatzes*, SWP-Studie S 3. Berlin: Stiftung Wissenschaft und Politik.
Rudolf, Peter. 2014. *Zur Ethik militärischer Gewalt*, SWP-Studie S 6. Berlin: Stiftung Wissenschaft und Politik.
Rudolf, Peter und Christian Schaller. 2012. *„Targeted Killing". Zur völkerrechtlichen, ethischen und strategischen Problematik gezielten Tötens in der Terrorismus- und Aufstandsbekämpfung*, SWP-Studie S 1. Berlin: Stiftung Wissenschaft und Politik.
Sauter, Gerhard. 1988. *In der Freiheit des Geistes. Theologische Studien*. Göttingen: Vandenhoeck & Ruprecht.
Schwarzkopf, Andreas. 2014. Armee ohne Ziel. *Frankfurter Rundschau* vom 29. Januar 2014.
Stobbe, Heinz-Günther. 2017. Gerechter Friede im Kontext von Ekklesiologie und Staat-Kirche-Verhältnis. In *Handbuch Friedensethik*, hrsg. von Ines-Jacqueline Werkner und Klaus Ebeling, 393-409. Wiesbaden: Springer VS
Thielicke, Helmut. 1959. *Theologische Ethik. Bd. II,1*. 2. Aufl. Tübingen: J. C. B. Mohr.
Ulrich, Hans G. 2006. Kirchlich-politisches Zeugnis vom Frieden Gottes. Friedensethik zwischen politischer Theologie und politischer Ethik ausgehend von John Howard Yoder, Stanley Hauerwas und Oliver O'Donovan. Ökumenische Rundschau 55: 149-170.

Vereinigte Evangelisch Lutherische Kirche in Deutschland. (VELKD). 2013. *Magnus Consensus*. Hannover: VELKD.

Werkner, Ines-Jacqueline. 2017. Der gerechte Friede im ökumenischen Diskurs. In *Handbuch Friedensethik*, hrsg. von Ines-Jacqueline Werkner und Klaus Ebeling, 377-392. Wiesbaden: Springer VS.

World Council of Churches (WCC). 2011. *An Ecumenical Call to Just Peace*. http://www.overcomingviolence.org/fileadmin/dov/files/iepc/resources/ECJustPeace_English.pdf. Zugegriffen: 7. Juni 2017.

Kategorien ethischen Urteilens im Konzept des gerechten Friedens

Reiner Anselm

1 Einleitung

> „Das friedensethische Leitbild des ‚gerechten Friedens' bewährt sich mit Blick auf eine friedenspolitische Bewertung der Situation in Afghanistan. Es steht für ein Konzept, das Frieden und Gerechtigkeit eng aufeinander bezieht, den Einsatz militärischer Gewalt an hohe rechtliche Schranken und verlässliche völkerrechtliche Verfahrensregeln bindet und einen politischen Prozess in Richtung auf menschliche Sicherheit und menschliche Entwicklung in den Blick nimmt." (EKD 2013, Ziff. 53)

Dieses bemerkenswerte Fazit findet sich am Ende des Afghanistan-Papiers der EKD von 2013. Bemerkenswert ist diese Passage deswegen, weil der Duktus des Textes selbst zum Ausdruck bringt, dass das Leitbild des gerechten Friedens im Erarbeitungsprozess des Dokuments gerade *keine* klare Bewertung und damit keine verlässliche friedensethische bzw. friedenspolitische Urteilsbildung ermöglicht hatte. Der damalige Ratsvorsitzende Nikolaus Schneider brachte diese offenkundige Differenz in die prägnante Zuordnung zwischen einem „*magnus consensus*" über das Leitbild des gerechten Friedens und dem „breiten und gleichwohl differenzierten Konsens“ in konkreten Fragen (EKD 2013, S. 8). Konsens bestehe mithin nicht nur im Leitbild, sondern auch in der Überzeugung, dass es sich um schriftgemäße und sachgemäße Aussagen einer evangelischen Friedensethik handele (vgl. EKD 2013, S. 9), auch wenn – so wird man ergänzen müssen – man sich gerade in den entscheidenden Konkretisierungen uneins in der ethischen Beurteilung war. Wie weit dieser Konsens wirklich reicht und ob er mehr ist als bloße Rhetorik, wenn sich offenkundig unterschiedliche Handlungskonsequenzen damit verbinden, diese Frage wird in den beiden jüngeren friedenspolitischen Schriften der EKD offengelassen, wenn nicht sogar rhetorisch zugedeckt. Der Widerspruch aber liegt klar vor Augen: Auf der einen Seite wird die Orientierungsleistung betont – und zwar schon in der Friedensdenkschrift von 2007! –, auf der anderen Seite aber müssen die Dokumente passen, wenn es darum geht, eine einheitliche konkrete politische Konsequenz zu formulieren. Dies vor Augen haben Thomas Hoppe und Ines-Jacqueline Werkner schon in ihrem Beitrag zum Konzept des gerechten Friedens skeptisch bilanziert, dass sich solche Uneindeutigkeiten zwar durchaus im Sinne eines für den Protestantismus charakteristischen Nebeneinanders unterschiedlicher ethischer Meinungen deuten ließen, „Kritiker dagegen die ethische Grundfrage ‚Was soll ich tun?‘ für nicht bzw. nur unzureichend beantwortet halten“ (Hoppe und Werkner 2017, S. 357) könnten.

Diese Konstellation, die in dem Beitrag zuvor von Roger Mielke ausführlich diskutiert wird, lässt es angeraten erscheinen, das Konzept des gerechten Friedens im Blick auf seine Steuerungswirkung nochmal einer Analyse zu unterziehen und gleichzeitig danach zu fragen, wie denn eigentlich konkrete Urteile bei der Anwendung dieses Konzepts auf den Afghanistaneinsatz zustande kommen. Ich gehe dazu in drei Schritten vor: Zunächst werde ich die Implikationen ausloten, die sich mit der Formel vom „gerechten Frieden“ verbinden. Sodann möchte ich mich in einem zweiten Gedankengang auf die Urteilsbildung im engeren Sinn konzentrieren, ehe ich in einem abschließenden dritten Schritt versuche, die angesprochenen Fragestellungen und Probleme aus einer spezifisch theologisch-ethischen Perspektive zu interpretieren.

2 Metaethische Überlegungen zum Leitbild des gerechten Friedens

Offenkundig soll das Leitbild vom gerechten Frieden, das nicht nur in den neueren friedenspolitischen Stellungnahmen der EKD, sondern auch vielfältig im ökumenischen Kontext begegnet (u. a. Die deutschen Bischöfe 2000; Raiser und Schmitthenner 2012), an die Stelle zweier anderer Leitbegriffe der christlichen bzw. ökumenischen Diskussion treten: nämlich der Lehre vom gerechten Krieg, die als antikes Traditionsgut seit der Scholastik die ethische Debatte bestimmte auf der einen Seite, sowie auf der anderen Seite der Formel „Krieg soll nach Gottes willen nicht sein“ (ÖRK 1948, S. 260), mit der die Gründungsversammlung des Ökumenischen Rates der Kirchen (ÖRK) 1948 in Amsterdam die Botschaft an die Kirchen der Welt, die 1937 auf der Weltkirchenkonferenz von Oxford über „Kirche, Volk und Staat“ verabschiedet wurde, aufnahm. Dort hieß es: „Die Kirche Christi, die ihre Glieder in allen Völkern hat, [muss] den Krieg ohne Vorbehalt und ohne Einschränkungen verurteilen“ (Forschungsabteilung des Oekumenischen Rates für Praktisches Christentum 1938, S. 262). Im Vergleich zu diesen beiden Ansätzen treten die konzeptionellen Weichenstellungen und Umgestaltungen beim Konzept des gerechten Friedens deutlich hervor, die sich jeweils mit den metaethischen Implikationen des im Hintergrund stehenden Verständnisses von „gerecht“ verbinden und zugleich zwei grundsätzliche Mängel der beiden traditionellen Herangehensweisen beheben sollten.

Zunächst zum Wort der Amsterdamer Konferenz: Erkennbar orientiert an der nach 1945 sehr populären Deutung, die von Deutschland ausgegangene Katastrophe des Zweiten Weltkriegs sei Folge eines unzureichenden Hörens auf das Wort Gottes gewesen, formuliert die Gründungsversammlung des ÖRK (1948, S. 259f.) nun unmissverständlich: Gottes Wille ist es, dass Krieg nicht sei – und eine Kirche, die in der dritten Bitte des Vaterunsers „dein Wille geschehe" bekennt, müsse daher alles daran setzen, um Krieg zu vermeiden. Nicht also allein die Tatsache, dass sich Christen als Brüder und Schwestern betrachten und der Mord unter Geschwistern moralisch verwerflich sei, wie das Argument noch 1937 lautete, sondern der unmittelbare Rekurs auf den Willen Gottes soll nun für das friedenspolitische Handeln der Mitgliedskirchen leitend sein. Stärker lässt sich der Verpflichtungsgrad einer ethischen Folgerung nicht formulieren – doch unbeschadet der Frage, ob gesamtbiblisch diese Schau tatsächlich haltbar ist oder nicht vielmehr nur dann plausibel ist, wenn man Jesu Botschaft als Überbietung und Korrektur der Denkmodelle der hebräischen Bibel versteht, ist genau diese Stärke auch die große Schwäche der Amsterdamer Formel. Denn sie bindet eben nur die, die sich an den Willen Gottes gebunden fühlen. Eine universale Friedensordnung lässt sich auf diesem Weg sicher nicht begründen.

Demgegenüber beansprucht die Friedensdenkschrift von 2007, ein Konzept zu präsentieren, das zwar verwurzelt ist im christlichen Glauben, das aber dennoch Geltung auch außerhalb der christlichen Traditionen beanspruchen kann. In der Konkretisierung der vier sich ergänzenden Dimensionen des Friedens werden daher stets eine christliche und eine vernunftgemäße Deutung präsentiert. Daher ist es durchaus zutreffend, wenn Wolfgang Huber in seinem einleitenden Kommentar zur Veröffentlichung des Textes als Denkschrift des Rates der EKD betont, hier komme „ein auf christlicher Verantwortung beruhender, sorgfältig geprüfter und stellvertretend für die ganze Gesellschaft formulierter Konsens zum Ausdruck" (EKD 2007, S. 8). Nun kann man diese Selbsteinschätzung sicherlich als notwendige Rhetorik einer Gruppierung lesen, die sich selbst als maßgeblichen Faktor der Zivilgesellschaft versteht und sich entsprechend in Stellung bringen möchte. Ich möchte gegenüber einer solchen pejorativen eine starken Lesart vorschlagen: Im Hintergrund dieser Feststellung steht ein Verständnis von Gerechtigkeit, die diese als das versteht, was wir uns gegenseitig schulden, und uns darum zu einer bestimmten, eben diese Gerechtigkeit herstellenden bzw. ihr verpflichteten Handlungsweise verpflichtet (vgl. auch Mazouz 2002, S. 365). Dieses Verständnis von Gerechtigkeit, das sich bei aller Umstrittenheit des Begriffs im Einzelnen in der Gegenwart als dessen Spezifikum herausgeschält hat, hat Otfried Höffe (2007, S. 29) prägnant wie folgt charakterisiert:

> „Während man bei Verstößen gegen Tugendpflichten wie Mitleid, Wohltätigkeit und Großzügigkeit, auch Dankbarkeit und die Bereitschaft zu verzeihen, enttäuscht ist, regen sich bei Gerechtigkeitsverstößen Empörung und Protest. Die Anerkennung von Tugendpflichten kann man vom anderen nur erbitten und erhoffen, die der Gerechtigkeit dagegen verlangen."

Hier gilt also, dass es sich bei der Gerechtigkeit und damit eben auch beim gerechten Frieden nicht um eine Einschätzung oder Bewertung des Friedens handelt, sondern um eine unmittelbar verpflichtende Handlungsnorm. Friede soll sein, weil nur so der Gerechtigkeit als unbedingter Pflicht genüge getan werden kann. Es wird noch zu zeigen sein, dass gerade in diesem Rekurs auf die Gerechtigkeit, mit der der Verpflichtungscharakter unabhängig von der Verankerung im christlichen Glauben gewährleistet werden soll, der Grund dafür liegt, dass sich das Konzept des gerechten Friedens als untauglich für die Entscheidungsfindung erweist. Hier aber soll zunächst der konstruktive Aspekt dieser Entscheidung hervorgehoben werden, auch wenn unverkennbar ist, dass der Preis für diesen Gewinn hoch ist: Zum einen drohen die Bezüge auf die christliche Tradition zum bloßen Rankwerk zu verkümmern, zum andern handelt man sich durch diese Vorgehensweise die eben geschilderten Schwierigkeiten ein.

Gleichzeitig wird mit dieser Interpretation allerdings auch deutlich, warum die Vordenker des Konzepts vom gerechten Frieden sich so scharf und mitunter auch polemisch vom Konzept des gerechten Krieges absetzen. Denn wenn man das geschilderte Verständnis von Gerechtigkeit zugrunde legt, dann muss die Assoziation sein, derartige Kriege nicht nur als mögliche, sondern als notwendig im Namen der Gerechtigkeit zu führende anzusehen. Das bedeutet aber auch, dass der immer wieder zu hörende Vorwurf an die Lehre vom gerechten Krieg, hier handele es sich um eine Legitimation der Institution des Krieges, sich einer spezifisch modernen Konnotation verdankt. So ist auch zu erklären, dass der friedensethische Zielpunkt dieser Lehre, der ihr allen möglichen Missbrauchs zum Trotz gerade im christlichen Kontext immer zu eigen war, ebenso in den Hintergrund getreten ist wie die ähnlich gelagerte Intention, die sich mit der Wiederbelebung dieses Lehrstücks in der amerikanischen „Just and Limited War Theory" verbunden hat (vgl. Haspel 2002, 2017).

Angesichts der Zentralstellung, die die Gerechtigkeitssemantik in der angesprochenen Profilierung gerade im deutschen Kontext hat, erscheint es folgerichtig und unausweichlich, die Lehre vom gerechten Krieg als einen nicht mehr gangbaren Weg anzusehen und an deren Stelle auch semantisch die Umstellung zur Lehre vom gerechten Frieden vorzunehmen. Gleichzeitig wirft das aber auch die Frage auf, ob nicht in dieser Perspektive eine Intention, die sich zumindest *auch* mit der Lehre vom gerechten Krieg verbindet, nämlich die Einhegung des Krieges durch die Mittel des Rechts, etwas zu wortreich verabschiedet wird – mit der Folge, dass diese Elemente über die Frage nach dem legitimen Einsatz rechtserhaltender Gewalt etwa in der EKD-Friedensdenkschrift von 2007 wieder eingeführt werden müssen (vgl. EKD 2007, Ziff. 98-123).

Dabei kann aber die Terminologie nicht überdecken, dass die rechtserhaltende Gewalt gerade in der Verbindung mit Gerechtigkeit nicht davor geschützt ist, mangelnde Gerechtigkeit als Grund für den Einsatz von Gewalt anzuführen und diesen Einsatz von Gewalt dann nicht nur als erlaubt, sondern als geboten klassifizieren zu müssen. Diese Konsequenzen, die etwa im Kontext von Befreiungsbewegungen thematisch geworden sind und noch thematisch werden, sind wohl unvermeidlich, sie sollten dann aber auch als solche benannt werden. Die Zentralstellung, die der Begriff der Gerechtigkeit in der neueren evangelischen Friedensethik bekommen hat, kann jedenfalls zu der keineswegs nur theoretischen Situation führen, Gewalt im Namen der Gerechtigkeit zu legitimieren – und umgekehrt kann sich allerdings auch die Konstellation ergeben, dass die Gerechtigkeit unter Verweis auf den Frieden zurückstehen muss. Beide Fälle dürften sich dabei eher Einschätzungen denn präzisen Ableitungen verdanken, dies liegt im besonderen Charakter *beider* Leitbegriffe begründet: Sowohl Gerechtigkeit als auch Frieden sind ihrem Gehalt nach Relationsbegriffe, sie lassen sich nicht absolut bestimmen. Damit sind sie konstitutiv auf Interpretation angewiesen – und somit eben auch notwendig plural angelegt. Dieser Sachverhalt bleibt in den neueren Texten zum Konzept des gerechten Friedens in aller Regel unterbelichtet.

3 Zur Urteilsbildung im Einzelnen

Wer sich mit Fragen des ethischen Urteilens auseinandersetzt, vor allem auch, wer sich von der Ethik konkrete, eindeutige Antworten auf konkrete Problemlagen erwartet, sollte sich stets an die Mahnung erinnern, die Aristoteles am Beginn der Nikomachischen Ethik ausgesprochen hat:

> „Wir werden uns aber mit demjenigen Grade von Bestimmtheit begnügen müssen, der dem gegebenen Stoffe entspricht. [...] Denn es kennzeichnet den Gebildeten, in jedem einzelnen Gebiet nur so viel Präzision zu verlangen, wie es die Natur des Gegenstandes zuläßt. Andernfalls wäre es, wie wenn man von einem Mathematiker Wahrscheinlichkeitsgründe annehmen und vom Redner zwingende Beweise fordern würde." (Aristoteles 2006 [349 v.Chr.], 1094b)

Dementsprechend ist nun auch nicht zu erwarten, dass sich aus dem Konzept des gerechten Friedens konkrete und vor allem eindeutige Handlungskonsequenzen ableiten ließen. Urteilsbildung in der Ethik lässt sich nicht auf ein logisches, in den Kategorien von wahr und falsch darstellbares Verfahren reduzieren, so sehr eine ethische Argumentation natürlich formal korrekt sein muss. Sie stellt jedoch im Vergleich zu klassischen Begründungsverfahren, seien sie nun deduktiver, induktiver oder abduktiver Natur, eine komplexe Kunst der Kombination dar, die am ehesten mit dem Verfahren des Kohärentismus bzw., in der prominenteren Begriffsbildung von John Rawls gesprochen, als ein Überlegungsgleichgewicht zwischen Fakten, Normen und Intuitionen beschrieben werden kann. Die Schwierigkeit der Friedensdenkschrift ist daher auch nicht, dass sie eine solche Eindeutigkeit nicht präsentiert, sondern dass sie die dahinterstehende Problematik nicht adäquat in den Blick nehmen möchte.

Wie bereits angedeutet, steht auch in dieser Perspektive der Gerechtigkeitsbegriff im Zentrum der Problematik. Im Leitbild des gerechten Friedens stehen hier zwei Auffassungen von Gerechtigkeit nebeneinander: Auf der einen Seite ein Gerechtigkeitsverständnis, das Gerechtigkeit in ihrem Bezug auf die Rechtsförmigkeit, in ihrer legitimationsschaffenden Dimension für das Recht über den Gedanken der Ausrichtung an den Menschenrechten fasst, auf der anderen Seite ein Konzept, das die Teilhabegerechtigkeit in den Mittelpunkt rückt (vgl. EKD 2007, Ziff. 78-97). In den genannten Bereichen aber ist die Verbindung zwischen dem Leitbegriff Gerechtigkeit und konkreten Einzelfragen keineswegs eindeutig, sondern vielfachen Auslegungsspielräumen ausgesetzt. So ist die Frage nach der Rechtsförmigkeit einer Handlung schon bei gegebener Klarheit der Rechtsnormen – die aufgrund des besonderen Charakters internationaler Rechtsordnung im Fall zwischenstaatlicher Konflikte freilich so keineswegs gegeben ist – stets umstritten. Die Problematik der Subsumption eines konkreten Sachverhalts unter eine allgemeine Rechtsnorm lässt sich nur in Maßen standardisieren, wie sich aus der Praxis der Rechtsstreitigkeiten und auch der Rechtsprechung unschwer erkennen lässt. Diese Strittigkeit ist nun aber kein Mangel, sondern gerade ein Charakteristikum des Rechts, das die Mannigfaltigkeit konkreter Handlungsoptionen zulassen möchte. Im Afghanistan-Papier wird diese Problematik im Blick auf die Einordnung des ISAF-Einsatzes deutlich. Eine ethische Stellungnahme, die nicht für sich in Anspruch nehmen möchte, die Rolle eines internationalen Gerichtshofs zu übernehmen, wird hier nur unterschiedliche Plädoyers halten können, ohne in der Sache selbst zu entscheiden. Mitunter hat es allerdings den Eindruck, als könnte oder wollte die Kirche selbst sich als eine solche rechtsprechende Instanz profilieren.

Dieselbe Schwierigkeit lässt sich nun auch für die Frage der Gerechtigkeit als Legitimitätsgarantin festmachen. Anders als es in den Dokumenten den Eindruck macht, ist die Ausrichtung an den Menschenrechten bzw. der Menschenwürde keineswegs selbsterklärend. Menschenrechte sind – je für sich, vor allem aber hinsichtlich einer ihnen innewohnenden Hierarchie – in hohem Maße interpretationsbedürftig (vgl. Huber und Tödt 1988, S. 83-95; Honecker 1978, S. 57-64). Ein Blick in die Friedensdenkschrift von 2007 verdeutlicht das Problem: Wenn hier Freiheit, Förderung kultureller Vielfalt und Abwesenheit von Not in einem Atemzug als Orientierungskriterien genannt werden (vgl. EKD 2007, Ziff. 80), wird überspielt, dass gerade die Zuordnung dieser Elemente in höchstem Maße strittig ist. Nur ein Blick auf die kontroverse Diskussion um John Rawls' Versuch, über das „Differenzprinzip" Freiheit die unterschiedlichen Ziele von Freiheit und Gleichheit zu einem gerechten Ausgleich zu bringen und dabei zugleich zur Minderung materieller Not beizutragen (vgl. Rawls 1975, Abschn. II; Nozick 2011), zeigt die Schwierigkeiten auf, die sich hier stellen. Sie lassen sich, ohne auf die weit verzweigte Debatte eingehen zu können, darin zusammenfassen, dass es schon für die Klassifikation von Freiheit und Gleichheit bzw. Freiheit und Abwesenheit von Not einer – zumindest schwachen – Vorstellung des gemeinsam geteilten Guten bedarf. Gerade das Fehlen dieser gemeinsamen Vorstellung bzw. das Vorhandensein unterschiedlicher, konkurrierender Vorstellungen ist es jedoch, die eine Vielzahl von Konflikten auslöst: Soll Freiheit – um nur ein Beispiel herauszugreifen – nach dem Muster liberal-westlicher, individueller Vorstellungen oder eher tribalistisch-kommunitär verstanden werden? Oder – um ein zweites Beispiel zu nennen – wie weit geht kulturelle Verschiedenheit? Beinhaltet sie auch nicht-egalitäre Geschlechterverhältnisse? Oder sollen diese ihre Grenze an der Freiheit finden – die selbst bereits ein umstrittenes Modell darstellt? Die hier liegenden Probleme steigern sich noch einmal, wenn es um Fragen der Teilhabe geht. Sollen hier etwa materielle oder immaterielle Güter den Vorzug haben? Ohne das Vorhandensein eines Konzepts des gemeinsamen Guten bleibt die Gerechtigkeitsvorstellung kraftlos, wie selbst die Vertreter des liberalen Gerechtigkeitsparadigmas zugestehen, auch wenn sie dieses gemeinsame Gute auf das Vorhandensein entsprechender Prozeduren reduzieren möchten.

Wenn ich recht sehe, verfolgen die friedensethischen Stellungnahmen beider Kirchen in ihrer konkreten Urteilsbildung letztlich einen gemäßigten westlich-aufklärerischen christlichen Ethnozentrismus, der den Hierarchisierungen folgt, wie sie sich in den deutschen friedensethischen Lernprozessen des 20. Jahrhunderts ergeben haben. Dessen universalisierende Tendenz stellt einen gewissen ethischen Imperialismus dar, der sich allerdings hinter einer aufgeklärt-christlichen Argumentation verbirgt. Wohlgemerkt: Die eingenommene Perspektive ist in meinen Augen als Angehöriger desselben Kulturkreises und derselben Prägung unbedingt unterstützenswert, allerdings sollte man sich der Partikularität der eigenen Position und dem daraus möglicherweise resultierenden Konfliktpotenzial deutlich bewusst sein. Nicht zuletzt ist in der Flüchtlings- und Migrationspolitik der letzten 18 Monate klar geworden, wie wohl begründete ethische Maximen konfliktgenerierend bzw. konfliktverschärfend wirken können.

Angesichts dieser Problematik legt es sich nahe, die *Prozessualität* des Konzepts vom gerechten Frieden und zugleich auch die bereits angesprochene *Relationalität* der beiden tragenden Begriffe „Gerechtigkeit" und „Frieden" bei der Operationalisierung stark in den Vordergrund zu stellen. Die in die Urteilsbildung einfließenden Konzepte des Guten spielen als steuernde Instanzen eine größere Rolle als das im Argumentationsduktus der kirchlichen Stellungnahmen zum Ausdruck kommt (vgl. Fischer 2010). Fragen der Konsens- oder zumindest der Kompromissbildung wären dann zuungunsten der Profilierung starker Einzelforderungen in den Vordergrund zu stellen. Im Blick auf das Afghanistan-Papier wäre dann zu konstatieren, dass das Dokument auf halbem Weg stehen bleibt, wenn es die unterschiedlichen Positionen benennt und sich nicht daran macht, gemeinsam getragene – notwendig von den jeweiligen Maximalforderungen abweichende – Aussagen zu formulieren. Man kann diesen Sachzusammenhang auch so formulieren: Die Klassifikation des gerechten Friedens als *Leitbild* ist sehr viel ernster zu nehmen als es mitunter in der plakativen Rhetorik von der Neuvermessung der evangelischen Friedensethik als einer Abwendung vom Krieg und einer Hinwendung zum Frieden den Anschein hat. Denn die Leitbild-Semantik, die aus der Unternehmensführung entlehnt ist, führt zum einen das Wissen um die Notwendigkeit partizipativer Verfahren beim Etablieren von Leitbildern, zum anderen die Bindung an eine bestimmte Unternehmenskultur, ein Ensemble also von Normen, Werten und Tugenden, mit sich. Diese Kultur ist nur bedingt von ihrer konkreten Einbettung ablösbar, sie kann nur in langsamen Prozessen entstehen und ist selbst einem steten Wandel unterworfen. Manche Elemente in der Operationalisierung des Konzepts vom gerechten Frieden deuten bereits darauf hin, dass die Implementierung einer den gerechten Frieden tragenden Kultur im Fokus friedenspolitischen Handelns stehen müsse. Dem ist vollumfänglich zuzustimmen – allerdings muss man sich auch dessen bewusst sein, dass dann dem notwendigen Diskurs über die Konturen und Implikationen einer Leitkultur – und darin wiederum eingeschlossen deren Bindung an eine bestimmte Religions- bzw. Konfessionskultur – nicht ausgewichen werden kann und darf. Die schwierige Aufgabe besteht darin, eine den gerechten Frieden tragende Kultur zu implementieren, ohne dabei selbst polemogen zu wirken.

4 Zum Schluss noch ein kurzer theologischer Blick

Wie sehr solche Leitbilder selbst die Urteilsbildung steuern, lässt sich verdeutlichen, wenn man die Anklänge an die ökumenische Diskussion, die im Vorwort zum Afghanistan-Papier vernehmbar sind, stark liest: Der „*magnus consensus*" und der „differenzierte Konsens" stehen dann für die gemeinsame Verortung in der christlichen Tradition, die doch nur in der Verschiedenheit der Konfessionen zum Ausdruck kommen kann. Spielt man diese Anklänge nun auf die Theoriebildung in der evangelischen Ethik zurück, auf die Konfessionsbildung insbesondere innerhalb der deutschsprachigen Schulen, so zeigt sich schnell, dass in den argumentativen Gabelungen das die Nachkriegsethik so stark bestimmende Thema der rechten Verhältnisbestimmung von Gesetz und Evangelium hier wieder aufscheint. Während nämlich auf der einen Seite der Primat der transformativen Kraft des Evangeliums zukommen soll und daher eine Sicht vorherrscht, die einer Versöhnungsorientierung und damit einer sehr viel restriktiveren Auslegung der Legitimität von Gewalt im Raum des Politischen das Wort redet, ist in der anderen Seite eine deutlichere Akzentuierung des Gesetzes und der daraus resultierenden Handlungslogiken zu identifizieren. So sind es nicht nur unterschiedliche politische Einschätzungen, die für die „argumentativen Gabelungen" im Afghanistan-Papier verantwortlich sind, wie die Rede von der Dominanz der „eher von der konkreten Situation geprägte[n] Argumente einerseits und stärker verantwortungspazifistisch ausgerichtete Positionen andererseits" (EKD 2013, S. 9) nahelegen könnte, sondern im Hintergrund stehen selbst starke Überzeugungen theologisch-konfessioneller Natur, deren Abgleich oder zumindest deren Benennung eine wichtige Aufgabe evangelischer Ethik darstellt – nicht nur der Friedensethik. Welche Kontinuität dabei hinter den einzelnen Positionen steht, wird deutlich, wenn man von hier aus noch einmal zurückblickt auf die Botschaft der Oxforder Weltkirchenkonferenz von 1937. Die dort gewählte Formel, „Krieg ist immer Folge und Ausbruch der Sünde“ (Forschungsabteilung des Oekumenischen Rates für Praktisches Christentum 1938, S. 262), ließ bereits offen, ob angesichts der konstitutiven Sündhaftigkeit des Menschen Krieg als ein letztlich unausweichliches Faktum zu sehen und hinzunehmen sei oder ob es gerade die besondere Aufgabe der Christen sein sollte, im Horizont der Versöhnung dem Krieg entgegenzutreten. Auch die friedensethischen Forderungen der Gründungsversammlung des ÖRK in Amsterdam stehen unter dem Eindruck dieser Unsicherheit und formulieren bereits die verschiedenen Interpretationswege, die bis in die jüngsten Dokumente der EKD hinein die Diskussion bestimmen (vgl. Honecker 1995, S. 410 unter Rekurs auf Visser ’t Hooft 1948, S. 118): Ein erster Interpretationsweg bestand schon in Amsterdam darin, herauszustellen, dass die Kirche dem Krieg in jedem Fall eine Absage erteilen müsse (u. a. Niemöller 1961).[1] Dem stand eine zweite Linie gegenüber, die den Gedanken, dass der Sünde durch das Recht gewehrt werden müsse, in den Vordergrund stellte: Nur gerechte Kriege sind legitim, Christen dürfen nur an solchen Kriegen teilnehmen, die vom Völkerrecht her zu rechtfertigen sind. Materialiter sollen Christen einen Krieg dann als „gerecht“ betrachten, wenn er unternommen wird, um einen von ihnen als wesentlich angesehenen christlichen Grundsatz zu verteidigen. Und schließlich akzentuierte eine dritte Interpretationsrichtung, Christen müssten dem der Sünde widerstreitenden Staat in jedem Fall gehorchen, auch im Falle der Kriegsführung. Nur wenn es sich um einen nicht rechtfertigbaren Krieg handelt, könne ein (individuelles) Recht auf Kriegsdienstverweigerung in Anspruch

1 Hier besonders die Reden: „Du sollst nicht töten!“ und „Christ und Krieg?“.

genommen werden (vgl. Kronberger Kreis 1952). Führt man sich nun noch vor Augen, dass Karl Barth in seiner ersten öffentlichen Ansprache in Deutschland nach dem Zusammenbruch von 1945 bereits den Grund für das in die Katastrophe führende Verhalten des deutschen Luthertums in dessen Zentralstellung der Rede von der Sündhaftigkeit des Menschen gesehen hatte, selbst aber den Staat in „Christengemeinde und Bürgergemeinde" als Bollwerk gegen diese Sünde profiliert hatte, so werden die Umstrittenheit und die Vorgeschichte der entsprechenden Fragestellung zur Gänze deutlich (vgl. Barth 1945; 1946a, S. 42f.).[2]

Die Bedeutung der auf die noch nicht erlöste Welt bezogenen Praktiken und Sachlogiken und deren Beziehung zur versöhnenden Kraft des Evangeliums bleibt eine wichtige Aufgabe, die es ohne falschen Zungenschlag und auch ohne Polemik anzugehen gilt. Leider weist die eindeutig wertende Semantik von der „verantwortungspazifistisch" (EKD 2013, S. 9) geprägten gegenüber einer situationsbezogenen Position hier ebenso in die falsche Richtung wie die nicht ohne einen gewissen Triumphalismus vorgetragene Feststellung vom damaligen Ratsvorsitzenden Wolfgang Huber, mit der Friedensdenkschrift von 2007 habe der Protestantismus eine Abkehr vollzogen von der Komplementaritätsthese der Heidelberger Thesen im Blick auf die heute noch mögliche Option einer Drohung mit atomaren Waffen zum Zweck der Abschreckung (vgl. EKD 2007, S. 9). Denn gerade die Heidelberger Thesen[3] verdankten sich ja dem Bemühen, zwischen den beiden konfligierenden Interpretationsweisen einer eher an Karl Barth orientierten, die Abfolge von Evangelium und Gesetz betonenden Lesart der evangelischen Ethik des Politischen und der lutherischen Position, die an der

2 Die Profilierung des Staates als Widerlager gegen die Sünde findet sich in Barth (1946b, S. 51-53).

3 Erstmals abgedruckt in Howe (1959, S. 226-236).

überkommenden Reihenfolge Gesetz und Evangelium festhalten wollte, zu vermitteln. Die Notwendigkeit, hier neue Vermittlungen zu finden, muss darum aus theologischer Perspektive wohl im Vordergrund stehen, wenn es um eine weiterführende Interpretation des Leitbilds vom gerechten Frieden gehen soll.

Literatur

Aristoteles. 2006 [349 v.Chr.]. *Nikomachische Ethik*, übers. und hrsg. von Ursula Wolf. Reinbek bei Hamburg: Rowohlt.

Barth, Karl. 1945. Die Deutschen und wir. In *Zur Genesung des deutschen Wesens. Ein Freundeswort von draußen*, hrsg. ders., 9-55. Stuttgart: Mittelbach.

Barth, Karl. 1946a. *Die Evangelische Kirche in Deutschland nach dem Zusammenbruch des Dritten Reiches*. Stuttgart: Mittelbach.

Barth, Karl. 1946b [1998]. *Rechtfertigung und Recht. Christengemeinde und Bürgergemeinde. Evangelium und Gesetz*. Zürich: Theologischer Verlag Zürich.

Die deutschen Bischöfe. 2000. *Gerechter Friede*. Bonn: Sekretariat der Deutschen Bischofskonferenz.

Evangelische Kirche in Deutschland (EKD). 2007. *Aus Gottes Frieden Leben – für gerechten Frieden sorgen. Eine Denkschrift des Rates der Evangelischen Kirche in Deutschland*. Gütersloh: Gütersloher Verlagshaus.

Evangelische Kirche in Deutschland (EKD) (Hrsg.). 2013. *„Selig sind die Friedfertigen". Der Einsatz in Afghanistan: Aufgaben evangelischer Friedensethik. Eine Stellungnahme der Kammer für Öffentliche Verantwortung der EKD*. Hannover: Kirchenamt der EKD.

Fischer, Johannes. 2010. Der epistemische Primat des Guten. Zur Kritik der Regel- und Tugendethik. In *Sittlichkeit und Rationalität. Zur Kritik der desengagierten Vernunft*, hrsg. ders., 97-124. Stuttgart: Kohlhammer.

Forschungsabteilung des Oekumenischen Rates für Praktisches Christentum. 1938. *Kirche und Welt in ökumenischer Sicht. Bericht der*

Weltkirchenkonferenz von Oxford über Kirche, Volk und Staat. Genf: Frauenfeld, Huber & Co.

Haspel, Michael. 2002. *Friedensethik und Humanitäre Intervention. Der Kosovo-Krieg als Herausforderung evangelischer Friedensethik*. Neukirchen-Vluyn: Neukirchener.

Haspel, Michael. 2017. Der gerechte Krieg in der anglo-amerikanischen Debatte. In *Handbuch Friedensethik*, hrsg. von Ines-Jacqueline Werkner und Klaus Ebeling, 315-325. Wiesbaden: Springer VS.

Höffe, Otfried. 2007. *Gerechtigkeit*. 3. Aufl. München: Beck.

Honecker, Martin. 1978. *Das Recht des Menschen. Einführung in die evangelische Sozialethik*. Gütersloh: Gütersloher Verlagshaus.

Honecker, Martin. 1995. *Grundriß der Sozialethik*. Berlin: de Gruyter.

Hoppe, Thomas und Ines-Jacqueline Werkner. 2017. Der gerechte Frieden in der katholischen und evangelischen Kirche. In *Handbuch Friedensethik*, hrsg. von Ines-Jacqueline Werkner und Klaus Ebeling, 343-359. Wiesbaden: Springer VS.

Howe, Günther. 1959. *Atomzeitalter – Krieg und Frieden*. Witten: Eckart.

Huber, Wolfgang und Heinz Eduard Tödt. 1988. *Menschenrechte. Perspektiven einer menschlichen Welt*. 3. Aufl. Stuttgart: C. Kaiser.

Kronberger Kreis. 1952. Wehrbeitrag und christliches Gewissen. *Kirchliches Jahrbuch* 79: 14-17.

Mazouz, Nadia. 2002. Gerechtigkeit. In *Handbuch Ethik*, hrsg. von Marcus Düwell, Christoph Hübenthal und Micha H. Werner, 365-370. Stuttgart: Metzler.

Niemöller, Martin. 1961. *Reden 1958–1961*. Frankfurt a. M.: Stimme-Verlag.

Nozick, Robert. 2011. *Anarchie, Staat, Utopia*. München: Olzog.

Ökumenischer Rat der Kirchen (ÖRK), Studienkommission. 1948. *Die Kirche und die internationale Unordnung*. Stuttgart: Evangelisches Verlagswerk.

Raiser, Konrad und Ulrich Schmitthenner. 2012. *Gerechter Friede. Ein ökumenischer Aufruf zum gerechten Frieden. Begleitdokument des Ökumenischen Rates der Kirchen*. Münster: LIT.

Rawls, John. 1975. *Eine Theorie der Gerechtigkeit*. Frankfurt a. M.: Suhrkamp.

Visser 't Hooft, Willem Adolph (Hrsg.). 1948. *Die erste Vollversammlung des Ökumenischen Rates der Kirchen in Amsterdam vom 22. August bis 4. September 1948*. Genf: ÖRK.

Kritische Vertrauensbildung
Überlegungen zum Wächteramt der Kirchen in der Vorbereitung eines gerechten Friedens

André Munzinger

1 Einleitung

Die Einflussmöglichkeiten der großen Kirchen in Deutschland auf die öffentliche Willensbildung sind vielschichtig: Sie reichen von der konzeptionellen Mitwirkung an der Lehrerbildung und der pastoralen Präsenz in der Ortsgemeinde über öffentliche Beiträge in den Medien und Diskurse mit verantwortlichen Akteuren in Politik und Militär bis hin zu globalen ethischen Leitbildern durch die Ökumene.

Lassen sich diese Einflussmöglichkeiten der Kirche im Horizont ihres sogenannten Wächteramtes verstehen? Wie lässt sich die Aufgabe der Kirche in friedensethischer Abicht heute angemessen bestimmen? Wolfgang Huber (2004) stellt den Anspruch auf, die Kirche werde auch in Zukunft ein Wächteramt innehaben, indem

> „sie sich hörend, erinnernd, feiernd und singend Gott zuwendet und in Gebet, Lobgesang und helfenden Taten seine Gegenwart in dieser Welt anerkennt [...], so wie es in Jesaja 65 beschrieben ist, nämlich gleichsam auf der Zinne der Stadt zu stehen, Gott herabzurufen und ihn an seine Verheißungen zu erinnern".

Thomas de Maizière (2012) meint, die Trennung von Kirche und Staat werde durch das Wächteramt der Kirche nicht beeinträchtigt. Dafür müsse diese eben „ihre eigene Sprache sprechen. Sie soll Herz und Sinne öffnen für das, was in unserer Gesellschaft besser gemacht werden kann."

Die Kritik an der Vorstellung, die Kirche könne sich als Wächterin der Gesellschaft aufstellen, ist zugleich nicht unbeträchtlich. Dieser Begriff drohe ein überholtes und bevormundendes Verständnis von kirchlicher Arbeit zu vermitteln. Friedrich Wilhelm Graf (1988, S. 88) argumentiert, dass aus lutherischer Sicht ein Wächteramt in prophetischem Selbstverständnis und ethischer Absicht „theologischer Legitimität entbehrt". Eindringlich zeichnet er nach, wie sich die Kirche Aufgaben in ethischer Absicht aneignet, die Christus zugesprochen worden waren. Für ihn liegt das kritische Potenzial des Glaubens dagegen in der religiösen „Selbstbegrenzung", die einen Sinn für die plurale Verfasstheit der Welt und eine Achtsamkeit für die Unterscheidung von Christus und Kirche ermögliche (Graf 1988, S. 100).[1] Dass die Kirche in der Wahrnehmung und Durchführung solcher Kritik und Begrenzung auch als Faktor gesellschaftlicher Bildung fungiert, und zwar in friedensethischer Absicht, reflektiert Graf nicht. Lässt sich also das Anliegen des Wächteramts der Kirche, mit dem sie auf friedensgefährdende Entwicklungen aufmerksam macht, mit ihrer Selbstbegrenzung verbinden?

In diesem Aufsatz deute ich die Kirche als Institution der religiösen Sinngenese in friedensethischer Absicht. Ihre Aufgabe lässt sich, so die These, in gewandelter Form im Horizont der

1 Für eine andere historische Rekonstruktion des Begriffes aus der reformierten Tradition vgl. Hofheinz (2011).

Vorstellungen eines Wächteramtes verständlich machen.[2] Diese besteht demnach in der Ausbildung friedensethischer Wachsamkeit – nicht als eine Institution, die über den anderen steht, sondern als eine von mehreren Institutionen, die ihrerseits friedensfördernde Aufgaben innehaben. Die Vorbereitung des Friedens ist mit der Denkschrift zum Begriff des gerechten Friedens als ein stetiger und immer wieder neu zu bestimmender Prozess zu verstehen, in dem Freiheit gefördert, vor Gewalt Schutz geboten, Not abgebaut und kulturelle Diversität anerkannt wird (EKD 2007, Ziff. 195). Vom gerechten Frieden her denken, so soll hier im Anschluss ausgeführt werden, heißt, den kulturellen und religiösen Anteil der Friedensbildung verstehen zu lernen und in den Zusammenhang der gesellschaftlichen Prozesse und Institutionen der Friedensförderung zu integrieren.[3] Dazu wird aus zeitdiagnostischer (Abschn. 2) und sozialphilosophischer (Abschn. 3) Perspektive die eigenständige Rolle der Kirche als Institution entfaltet, die Sinn- und Vertrauensressourcen in der Friedensbildung zur Geltung bringen kann (Abschn. 4). Das Wächteramt fällt allerdings somit letztlich der Urteilskraft der einzelnen zu, die in kritischer Wachsamkeit für die Entstehung und Bearbeitung von Konflikten sensibel werden (Abschn. 5).

---

2 Dieser Zugang zum Wächteramt kann keineswegs die notwendige Vielfalt an Facetten aufzeigen, vgl. ausführlicher Preul (1997, S. 347-366).

3 Der Friedensbeitrag der Kirchen liegt nach der Denkschrift darin, den Frieden zu vergegenwärtigen und zu bezeugen, für den Frieden zu bilden und zu erziehen, das Gewissen zu schützen und zu beraten, für Frieden und Versöhnung zu arbeiten und schließlich vom gerechten Frieden her zu denken (EKD 2007, Kap. 2).

2 Die Aufgabe der Kirche in zeitdiagnostischer Perspektive

Sozialwissenschaftliche Studien bringen die Bedeutung der weltanschaulichen Zusammenhänge für die Lösung politischer, ökonomischer und sozialer Kontroversen im globalen Ordnungsgefüge zur Geltung (vgl. u. a. Riesebrodt 2001; Norris und Inglehart 2004, 2009). Nach dem Politologen John Gray (2009, S. 322) besteht die „dringlichste Aufgabe der Gegenwart" darin, Religiosität in ihrem Einfluss auf die Gesellschaft besser zu verstehen. Das Dilemma dabei ist, dass sich auf der einen Seite wesentliche Konflikte nur international bearbeiten lassen wie beispielsweise Konflikte um Ressourcen, ökonomische Rahmenbedingungen, ökologische Balance, Migrationssteuerung, Waffenbegrenzungen und Menschenrechtsverletzungen. Auf der anderen Seite stellen sich die Gestaltungsprinzipien als kulturell und religiös divergent und außerordentlich umstritten dar (vgl. Munzinger 2015). Jürgen Habermas (2005, 2009) führt die Stichworte der postnationalen Konstellation und der postsäkularen Situation ein, um diese Spannung im sozialen Wandel der letzten Jahrzehnte zu beschreiben, vor allem seit der politischen Wende von 1989. Weder das Nationale noch das Säkulare werden als überholt betrachtet, aber beide Phänomene verweisen in ihrer Verschränkung auf einen neuen Ordnungsrahmen.

Mit dem Begriff des Postnationalen stellt Habermas infolge des globalen Wandels und der sich daran anschließenden Diskussionen fest, dass es zu neuen Ordnungsformationen jenseits des Nationalstaates kommt, nämlich zu einem Wandel in der staatszentrierten Machtpolitik. Dabei bestehe Konsens darüber, dass die nationalstaatliche Souveränität durch die Globalisierungsprozesse unterlaufen werde und sich daraus Legitimationsdilemmata ergeben. Ein Dissens sei dagegen hinsichtlich der Frage nach den genauen

Formen internationalen Regierens erkennbar. Diese Entwicklung ist vor allem für den Frieden politisch verfasster, demokratischer Gemeinwesen entscheidend: Werden sich die Errungenschaften der demokratischen Rechtsstaatlichkeit in die neue postnationale Ordnung „hinüberretten" lassen? (Habermas 2005, S. 340)

Mit dem Begriff des Postsäkularen reagiert Habermas auf die Phänomene, die mit der Floskel der Rückkehr der Religionen bezeichnet worden sind: Gemeint ist die Ausbreitung vieler Weltreligionen (vor allem außerhalb Europas), die zum Teil durch fundamentalistische Züge und gewaltbereite, politisierte Instrumentalisierung auf sich aufmerksam machen. Dabei will Habermas (2001, S. 13) nicht das Ende der Säkularisierung einläuten, sondern er erkennt lediglich das Fortbestehen religiöser Gemeinschaften in einer sich „fortwährend säkularisierenden Umgebung" an. Postsäkularität ist eine veränderte Fortsetzung der Säkularisierungsthese, ein Bewusstseinswandel, in dem Abstand genommen wird von einem säkular*istischen* (nicht säkularen) Verständnis autonomer Vernunft (Habermas 2009).

Habermas schreibt von einem dreifachen Bewusstseinswandel: Erstens sei die Gewissheit verflogen, dass sich „die fortschreitende kulturelle und gesellschaftliche Modernisierung *auf Kosten* der öffentlichen und personalen Bedeutung von Religion vollziehen wird" (Habermas 2009, S. 392). Zweitens würden die Religionsgemeinschaften auf den öffentlichen Diskurs in der Rolle von Deutungshilfen Einfluss ausüben. Drittens würde sich durch Migrationsbewegungen deutlicher ein Pluralismus von Lebensformen und Glaubensrichtungen abzeichnen. D. h. der Bewusstseinswandel bezieht sich nach Habermas auf den „prognostischen Gehalt der Säkularisierungsthese – auf das angebliche Verschwinden der Religion aus einer entzauberten Welt" (Habermas 2009, S. 394).

Was ergibt sich für den friedensethischen Diskurs und für die Rolle der Religionsgemeinschaften aus dieser komplexen Ordnungslage und aus dem globalen Wandel? Zunächst lassen sich die Aufgaben der Kirchen und Weltanschauungsgemeinschaften im Horizont der Verschränkung von postnationaler und postsäkularer Konstellation neu bestimmen. Sie sind als „Subjekte" der neuen Konstellation ernst zu nehmen (vgl. Lehmann 2011), da sie durch Netzwerke und Narrative das Weltverstehen beeinflussen. Die transnationalen Symbolisierungsmöglichkeiten der Religionen finden dabei Beachtung: Kleine und größere Religionsbewegungen bieten tiefgreifende Impulse, nationenübergreifende Gemeinschaft zu leben.[4] Sie stellen alternative Identitäts- und Raumvorstellungen zu politischen Abgrenzungen bereit und orientieren sich nicht (oder nicht durchweg) an ethnischen, nationalen und regionalen Identitätsmarkern. Sie greifen auf Weltverständnisse zurück, die als transzendente Ordnungskonzeptionen zu verstehen sind (Robbins 2011). Da diese ganzheitlich und zum Teil auch universalistisch ausgerichtet sind, bieten sie Identifikationsmöglichkeiten weit über Ländergrenzen hinweg und fördern zugleich ein alternatives „Weltbewusstsein".

Zugleich werden die Weltanschauungs- und Religionsgemeinschaften durch die weltweiten Interdependenzen und sozialen Ausdifferenzierungsprozesse im Kern herausgefordert und unterliegen selbst einem einschneidenden Wandel. Die Rationalisierung und Pluralisierung sozio-kultureller Prozesse werden mit dem globalen Austausch auf bisher nicht vorstellbare Weise vorangetrieben, sodass ihre Konsequenzen bisher nicht auszumachen sind. Dabei werden die Religionen in ihrem Selbstverständnis relativiert. Sie müssen sich zu den wirkmächtigen und unabhängigen Funktionssystemen der Wirtschaft, der Wissenschaft, der Politik und

4 So werden z. B. im Zen-Buddhismus kosmopolitische Impulse gesetzt, bei Gruppierungen der Baha'i das Weltbürgertum gefördert und bei der buddhistischen Soka-Gakkai-Bewegung die humanistische Bildungsidee weltweit propagiert (vgl. Altglas 2011, S. 10ff.).

des Rechts ebenso verhalten wie zu ihren direkten Konkurrenten auf dem Meinungsmarkt.

3 Die personale und institutionelle Verfasstheit des Wächteramtes der Kirche

Kirche stellt eine Form der Sozialität des Menschen dar. Dabei ist sie ein Ort der Reflexivität von handelnden und interagierenden Personen, die den Bedarf an Entlastung und Erwartungssicherheit erkennen, um ethische Einsichten vervielfältigen und auf Dauer stellen zu können. Aus der Ethik Friedrich Schleiermachers (1990 [1812/13]) lässt sich die Aufgabe der Kirche im Rahmen der grundlegenden und irreduziblen Funktionssphären einer Gesellschaft verstehen. In Anlehnung an eine Weiterentwicklung dieser Theorie bei Eilert Herms (1991) lassen sich diese wie folgt zusammenfassen:

- die *lebenserhaltenden* Funktionen in der Wirtschaft;
- die *ordnungserhaltenden* Funktionen in Politik und Recht;
- die *wissensproduzierenden* und *-vermittelnden* Funktionen in Wissenschaft und Technik sowie
- die *sinnproduzierenden* Funktionen in Kultur, Kunst, Bildung und Religion.

Kirche ist demnach in den ausdifferenzierten Gesellschaften der modernen Welt ein Akteur unter anderen und innerhalb eines Funktionssystems wiederum einer unter mehreren anderen. Aus den jeweiligen spezifischen Aufgabenfeldern ergeben sich die wechselseitige Begrenzung und Relativierung der Funktionen, die für die Kirche ebenso zutreffen wie für alle anderen Akteure. Insofern hätten die anderen Akteure auch die Aufgabe inne, grenzüberschreitende und somit konflikthafte Handlungen zu beachten. Alle sind an der Teilung der Aufgaben und Funktionen beteiligt und müssen ihre Selbstbegrenzung pflegen. Je stärker die Kirche ihre eigenständige Aufgabe innerhalb des Institutionengeflechtes findet und wahrnimmt, umso profilierter wird sie sein. Setzt die Kirche andere Schwerpunkte, greift sie in fremde Funktionssysteme ein und vernachlässigt ihre Leistungskraft. Friedensbildung lässt sich ohne die Komplementarität der verschiedenen gesellschaftlichen Funktionssysteme nicht nachhaltig umsetzen. Das Wächteramt bezieht sich somit in diesem veränderten Verständnis auf die Generierung und Förderung der komplementären Aufgaben der verschiedenen Funktionssysteme.

Im Mittelpunkt kirchlicher Orientierungskraft liegt angesichts dieser Aufgabenteilung die Sinnbildungskompetenz, die sich ihre Mitglieder aneignen können. Diese lässt sich auf das Tradieren von Narrativen beziehen, durch die Individualität entwickelt und auf Sozialität bezogen werden kann. Die Kirche ist nicht eine Partei, Lobbygruppe oder Nichtregierungsorganisation. Ihre sinnkonstituierende Wirkmacht ist stärker identitätsbildend – und somit güter-, tugend- und pflichtenethisch relevant. Die Kirche trägt dabei oftmals eher *indirekt* zur Weltgestaltung bei, indem sich Personen, die sich auf ihre Narrative beziehen, selbstverantwortlich in den verschiedenen Subsystemen betätigen.

Auf fundamentalethischer Ebene muss beachtet werden, dass komplexe Fragen der Verschränkung von handlungs- und systemtheoretischen Annahmen vorliegen: Lassen sich über die systemtheoretischen Aspekte einer Gesellschaft überhaupt kollektive Intentionen erfassen? Kann die Gesamtzielsetzung gesellschaftlicher Dynamiken beschrieben werden? Verweist ein Interaktionssystem auf die Möglichkeit kollektiven Handelns, gar auf die systemischer Autopoiesis, und werden die Ansprüche der Individualverantwortung damit unterlaufen? Um darauf Antworten geben zu können, müssten neben den systemischen

Fragen auch die Anliegen eines methodischen Individualismus berücksichtigt werden. Wenn die Bedeutung personaler Verantwortung nicht aufgegeben werden soll, müssen die Tendenzen zur Selbstinstitutionalisierung gesellschaftlicher Systembildungen in ein Verhältnis zu der intentionalen Individualisierung gesetzt werden.[5] Bei der direkten Beziehung zwischen mikro- und makrosoziologischen Intentionen, die hier zwischen Handelnden und Zielen der Gesamtgesellschaft vorausgesetzt werden,[6] dürfen die komplexen *unintendierten* Handlungsfolgen nicht ignoriert und die Ausdifferenzierung gesellschaftlicher Funktionsbereiche nicht unterkomplex angeschaut werden.

Wichtig ist, dass das Funktionssystem, zu dem die Kirche gehört, eine für friedensethische Fragen spezifische und eigenständige, aber gleichermaßen bedeutsame Aufgabe bereitstellt (ebenso wie ihrerseits Wirtschaft, Politik und Wissenschaft). Kirche, Kunst und Kultur (im engeren Sinne des Wortes) können für Endlichkeit und Pluralität sensibilisieren, um nur zwei Herausforderungen des Friedens zu benennen. Die Kirche stellt diese, so lässt sich verkürzt dogmatisch sagen, in einen Zusammenhang mit der schöpferischen Liebe Gottes und lässt die Bedrohung, die mit der Endlichkeit der Ressourcen und der Pluralität der Weltanschauungen erscheinen mag, einen Sinnzusammenhang erhalten. Dieser Sinnzusammenhang, der als Vertrauensnarrative im Folgenden

---

5 Mit Selbstinstitutionalisierung ist nicht die Loslösung von handlungstheoretischen Zusammenhängen gemeint, sondern die Beobachtung, dass soziale Prozesse „nicht vollständig als intendiert aufzufassen" sind: Unintendierte Handlungsfolgen sind vielmehr der Regelfall (Joas 1996, S. 337).

6 So werden kollektive Entscheidungen nicht zentral geplant werden können, weil sie von einer nicht überschaubaren Menge einzelner Entscheidungen abhängen.

entfaltet wird, entschärft die Bedrohungsszenarien, indem neue Möglichkeitsräume entdeckt und aufgetan werden können.

4 Friedensbildung zwischen universalen und partikularen Geltungsansprüchen

„Jeder Gottesdienst kann und soll zum Frieden bilden." (EKD 2007, Ziff. 50) Die Kirchen haben weitreichende Möglichkeiten, eine friedensorientierte Güterordnung und friedensbestimmende Tugendbildung zu befördern. Diese Potenziale werden zunehmend erkannt und bewusst gemacht. Dementsprechend stellt die Denkschrift für den gerechten Frieden zurecht fest, dass diese Möglichkeitshorizonte durch Kindertagesstätten, kirchliche Schulen, Religionsunterricht im öffentlichen Schulsystem, Kindergottesdienste, Kinder-, Jugend- und Konfirmandenarbeit, den Deutschen Evangelischen Kirchentag, Angebote der Jugendarbeit und Erwachsenenbildung zum Beispiel in den Evangelischen Akademien, in der kirchlichen Publizistik und den Medien ein beeindruckendes Panorama an Einflussmöglichkeiten bietet (vgl. EKD 2007, Ziff. 53). So wird hervorgehoben:

> „Grundsätzlich kann die christliche Kirche in ihrer Gesamtheit, insbesondere in ihrer evangelischen Gestalt, als Bildungsinstitution verstanden werden, wenn mit Bildung ein nicht auf das Kognitive begrenzter Prozess des Wissenserwerbs, sondern ein ganzheitliches Geschehen der Persönlichkeitsbildung gemeint ist." (EKD 2007, Ziff. 50)

Was aber ist Inhalt friedensethischer Bildung? In den verschiedenen Bildungsinstitutionen der Kirche werden sich sicherlich unterschiedliche Schwerpunkte und Akzente ergeben. Es lassen sich aber exemplarisch dogmatische Topoi aufzeichnen, die insgesamt ethische Konsequenzen implizieren. Zunächst könnte die Unterscheidung von Gott und Mensch als reformatorisches Anliegen festzumachen sein, mit der die Absolutheit religiöser, politischer, ökonomischer und wissenschaftlicher Geltungsansprüche zu hinterfragen ist. Hier tritt die kritische Aufgabe der Selbstbegrenzung deutlich zutage, die somit als Basis des kirchlichen Wächteramtes gelten kann. Dieses friedensethische Anliegen lässt sich unter dem dogmatischen Begriff der Schöpfung ausführen. Darüber hinaus wird die Versöhnung als Kernbestand christlicher Tradition einen Einfluss auf friedensethische Perspektiven haben. Dieser wird sich am zentralen Evangelium der Liebe orientieren und ein Spektrum an neuen Möglichkeitshorizonten auftun. Schließlich kann die Lehre der Erlösung als kritische Perspektive auf menschliche Utopien eingeführt werden.

Derweil wird zu diskutieren sein, welche Deutung diesen dogmatischen Topoi zukommt – ob die christliche Lehre als Beschreibung der selbstreflexiven Vergewisserung eines endlichen Subjektes im Rahmen der Friedensgestaltung verstanden wird, als Darstellung der existenziellen und kosmischen Möglichkeitsbedingungen des Friedens begriffen werden kann oder ob sie als die radikal-andere Perspektive Gottes zu bezeugen ist. In der protestantischen Theologie stehen (mindestens) diese drei Möglichkeiten zum Verständnis des christlichen Glaubens zur Verfügung. Sie haben jeweils Stärken und Schwächen. In jedem Fall wird es entscheidend sein, wie die dogmatischen Topoi in die sozial- und kulturtheoretischen Aufgaben der Kirchen eingezeichnet werden. Denn die soziale und kulturelle Form der Kirche wird in friedensethischer Hinsicht inhaltlich zu bestimmen sein. Dabei greifen partikulare und universale Geltungsansprüche ineinander.

Soll Bildung angesichts der Verschränkung von postsäkularer und postnationaler Konstellation nämlich gelingen, muss sie sich mit der Entgrenzung des Referenzrahmens auseinandersetzen und in neuer Weise die Kontingenz und somit die Komplexität des Wissens wie auch die Individualisierung und somit die Pluralisierung der Lebenswelten berücksichtigen. Der Journalist Gerd Scobel (2009, S. 127) prognostiziert, dass sich das „Verstehen von Komplexität" als zentrales Thema in den nächsten Jahren herausbilden wird. Dabei gehe es nicht vornehmlich um die Komplexität, die mit direkten Kausalitäten erfasst wird. Vielmehr bedarf es der Aufmerksamkeit für diejenigen Erwartungen, Ideale und anthropologischen Leitbilder, die es Menschen ermöglichen, Kulturprozesse und Geschichte reflexiv zu erfassen. Der Konflikt um Ressourcen und Vormachtstellung verbindet sich häufig mit solchen Leitbildern und Narrativen, die Orientierung geben und Komplexität reduzieren. Es bedarf der weltanschaulichen Bildung, um mit diesen Dimensionen der Konflikte umgehen zu können. Dazu gehört das Verständnis von Differenz, welches zum Beispiel in der Einsicht der Partikularität der eigenen Geschichte und Geltungsansprüche erzeugt wird.

Darüber hinaus bedarf es aber auch der weltbürgerlichen Bildungsperspektive, die komplementär zur weltanschaulichen Tradierung entsteht. Jene zeichnet sich durch eine Verstehens-Kompetenz anderer Kulturen und Sichtweisen aus. Zudem werden ethnologische und völkerrechtliche Kenntnisse, das Erlernen des Perspektivenwechsels in ethischen Konfliktfällen, diskurstheoretische und -praktische Fertigkeiten von Bedarf sein. Es finden bereits interkulturelle Lernprozesse statt, in denen diejenigen Strukturen, Rechte, Empfindungen und Ethosbestände vermittelt werden, die vielen Völkern gemein sind. Insofern ist die überpartikulare Perspektive des Weltbürgers wesentlich. Das heißt nicht, dass diese Perspektive „gegen Glaubens- und Heilsfragen indifferent" ist, wie Otfried Höffe (2004, S. 173) postuliert, sondern dass kulturelle und religiöse Sinnvermittlung auf elementare, kulturübergreifende Regeln des Zusammenlebens bezogen ist. So wird zunehmend auf die Ausbildung von Kompetenzen für die Übergänge und ethischen Übersetzungsmöglichkeiten zwischen Kulturen und Religionen aufmerksam zu machen sein.

5 Das Wächteramt der Kirche und die Ausbildung allgemeiner Kulturtechniken

Kulturtechniken sind für den friedlichen Umgang in Konfliktfällen in der plural verfassten, werdenden Weltgesellschaft konstitutiv. Sie sind Teil des kulturellen Selbstherstellungsprozesses, um mit Vielfalt und Konflikt als dauerhafte Elemente von Modernität umgehen zu können (vgl. Leggewie 2004). Kirche ist Teil der kulturellen Entwicklung (insofern steht das Wächteramt niemals außerhalb des sozialen Wandels). Sie reflektiert den Wandel auf bestimmte Weise und vermittelt Praktiken, die zu dessen Verständnis unabdingbar sind, und in jeder Tradition anders gedeutet werden.

Exemplarisch sollen zwei Kulturtechniken herausgegriffen werden: die Praxis des Unterscheidens (bzw. der Kritik) und die Praxis des Vertrauens. Unterscheiden und Vertrauen sind Momente der Gestaltung von kulturellem Wandel in friedensethischer Absicht. Sie sind aufeinander bezogen. In der Praxis des Vertrauens wird ein Vorgriff auf Zukunft eingeübt, der in reformatorischer Tradition so gedeutet wird, dass der eigenen Wirklichkeitsdeutung eine Verlässlichkeit zugrunde liegt, die nicht in der einzelnen Deutungsleistung aufgeht. Die Praxis der Kritik hingegen konstituiert Differenz und macht Positionalität möglich. Reformatorische Theologie wird zu Recht als Unterscheidungslehre bezeichnet, die somit Kritik auf Dauer stellt. Vertrauen und Kritik bilden als Praktiken einen Spannungsraum, in der die eigene Tradition immer wieder neu bedacht und entwickelt wird, zugleich geben sie dem kontinuierlichen kulturellen Wandel eine Richtung.

5.1 Die Praxis des Unterscheidens

Soll der Frieden in einer Gesellschaft ausgebildet werden, bedarf es der Urteilskraft. Die Fähigkeit, zu qualifizierten Urteilen zu kommen, ist für die Wachsamkeit gegenüber gewaltfördernden Kräften von entscheidender Bedeutung. Die kritischen Kompetenzen werden häufig nicht zuallererst mit Religionen in Verbindung gebracht. Aber Religionen sind von Haus aus auf das Über- und Gegenweltliche ausgerichtet und haben eine Sensibilisierung für die Unterschiede ausgebildet.

Unterscheiden heißt, etwas bezüglich seiner besonderen Merkmale als Differentes, in seiner Differenz zu erkennen. Diese Aufgabe des Unterscheidens ist anspruchsvoll: Sind es Unterschiede, welche Menschen selbst gewählt haben, oder sind die Unterscheidungen fremdbestimmt? Sind es Unterschiede, die freisetzen, die frei machen und Menschen in ihrem So-Sein als gewollt anerkennen? Unterscheiden zu können bedarf einer ausgeprägten Urteilskraft, es verlangt nach einer Kompetenz, sich auf Anderes einlassen zu können.

Unterscheiden muss somit eingeübt und gelernt werden. Ich verstehe die protestantische Theologie als eine des Unterscheidens und des Unterscheiden-Lernens. Bei Paulus ist sie deutlich zu erkennen: „Prüfet alles, das Gute behaltet" – der Vers aus 1. Thessalonicher 5,21 kann als Überschrift über diese Praxis der Kritik gelesen werden. In seinen Briefen ermahnt er wiederholt, die Adressatinnen und Adressaten das Unterscheiden zu lernen, also auch das Überprüfen, das Prüfen, die Kritik zu lernen, selbstständig zu Urteilen zu kommen, Unterschiede in den Begabungen der Gemeinde feststellen zu können, das Gute vom Bösen trennen zu können. Auch bei Martin Luther wird das Großthema der Unterscheidung in zentraler Weise aufgenommen. Er denkt Theologie als Unterscheidungslehre. Nur in der Unterscheidung der

Geltungsansprüche und der Sphären von Gesetz und Evangelium lassen sich Freiheit und Frieden gestalten (Beutel 2010).

Dabei ist nicht davon auszugehen, dass Paulus und Luther mit ihrer Mahnung zur rechten Unterscheidung auch die ethischen Antworten geliefert hätten. Vielmehr ist das Gegenteil der Fall. Kirche ist ein Raum des Unterscheidens – ein Lernfeld der Urteilskraft. Und diese ist fundamental für das Denken des gerechten Friedens. Urteilskraft allerdings ist voraussetzungsreich und bedarf der Einbettung in ein Daseinsverständnis, das eng mit der Praxis des Vertrauens zusammenhängt.

5.2 Die Praxis des Vertrauens

Vertrauen ist ein aktiver Vorgriff auf die Zukunft. Ohne Vertrauen lässt sich sozialer Zusammenhalt nicht auf Dauer stellen. Aber Vertrauen zu identifizieren, zu pflegen und zu verstetigen, ist selbst eine Aufgabe, um deren angemessene Beschreibung derzeit gerungen wird. Vertrauen ermöglicht es, sich auf Neues so einzulassen, dass Menschen kreativ werden.

Ottmar Edenhofer vom Potsdam-Institut für Klimafolgenforschung führt eine Parabel ein, um die Bedeutung von Vertrauen im Konflikt zu beschreiben: In einer Wüste sind zehn Personen. Sie haben gemeinsam einen Wasserkanister, zwei Drittel der ursprünglichen Menge sind leer getrunken, aber drei der zehn Personen haben das meiste getrunken. Nun streiten die zehn heftig: Wie soll der verbliebene Rest gerecht aufgeteilt werden? Die genannten drei möchten die verbliebene Menge zu gleichen Teilen aufteilen. „Die anderen sieben empfinden dies als ungerecht und fordern einen entsprechend höheren Anteil. Sie streiten und streiten und können sich auch nach längeren Debatten nicht einigen. Inzwischen ist so viel Zeit vergangen, dass die Wasservorräte schwinden, ohne dass es zu einer einvernehmlichen Lösung kommt." (Edenhofer et al. 2012, S. 17)

In der Parabel stehen die drei Personen, die einen zu hohen Anteil verbraucht haben, für die Industrienationen, die sieben anderen für die Entwicklungs- und Schwellenländer. Edenhofer fragt nun: Wäre es nicht besser, den Streit zu beenden und neue Möglichkeiten auszuloten, vielleicht gemeinsam einen Ausweg zu suchen, sich auf den Weg zu machen, um möglichst schnell die nächste Oase oder ein anderes Wasserloch zu finden? Aber einfach loslaufen sei noch nicht die Lösung, denn alle beteiligten Akteure müssten sich auf ein gemeinsames Ziel einigen, denn sie seien aufeinander angewiesen. Dies setze aber voraus, dass die Akteure „einander vertrauen" und sich auf einen neuen Weg einigen könnten, bei dem alle, gerade auch die Schwächeren, mitkämen (Edenhofer et al. 2012, S. 17).

Die Lösung vielschichtiger gesellschaftlicher Probleme mag daran scheitern, dass die beteiligten Akteure sich nicht vertrauen oder sich noch nie vertraut haben. Es bedarf somit eines Verständnisses von ethischer Vertrauensbildung. Alle institutionellen, ökonomischen und technischen Prozesse sind in solche Vertrauensbezüge eingebettet (vgl. Schneidewind 2013). Somit ist eine zentrale Aufgabe in der Reaktion auf Konflikte die klassische Frage der Tugendbildung, welche hier exemplarisch und sehr kurz nur mit der Praxis des Vertrauens eingeführt wird.

Vertrauen ist das Gut, welches durch erhöhte Vielfalt verloren geht. Wenn Fremdheit wahrgenommen wird und das vermeintlich Eigene nicht mehr denselben selbstverständlichen Stellenwert erhält, kann Vertrauen schwinden. Deshalb wird es kaum ein Zufall sein, dass Vertrauen aktuell verstärkt in Forschungsinitiativen thematisiert wird. Vertrauen ist grundlegend für eine Gesellschaft, die Frieden in einer postnationalen und postsäkularen Konstellation ausbilden will.

Inwiefern sind Kirche und Theologie hier gefragt? Christliche (insbesondere reformatorische) Theologie wählt einen Zugang zum Vertrauen, der bewusst dessen Brüchigkeit thematisiert. Vertrauen kann scheitern, es wird enttäuscht, denn es gibt keine ideale Gesellschaft und keine konfliktfreie Ordnung. Vertrauen ist letztlich ein riskantes Sich-Öffnen. Vertrauen, welches Risiko und Scheitern in Kauf nimmt, wäre aber zugleich ein belastbares und experimentierfreudiges Vertrauen, das sich immer wieder neu trotz Enttäuschungen auf Neues einlässt.

Demnach können Kirche und Theologie im Vertrauensdiskurs selbstbewusst ihren Beitrag geltend machen. Sie haben Kompetenzen in Sachen Vertrauen entwickelt. Seit ihren Anfängen stellen sie die Vertrauensfrage: Wie lässt sich Vertrauen generieren? Ihre Antwort kann als bemerkenswert einheitlich dargestellt werden: Gelingendes Vertrauen hat mit letztgültiger, verlässlicher Anerkennung zu tun.

Zugleich ist ein wesentlicher Wandel im Vertrauensverständnis zu bemerken, nämlich durch die anthropologische Wende, die mit dem 18. und 19. Jahrhundert in Verbindung gebracht wird. Nicht mehr das Vertrauen auf Gott wird als Garant für menschliche Entwicklung gesehen, sondern das Vertrauen in die Ressourcen der Menschen. Der Soziologe Anthony Giddens (1995, S. 102ff., 141ff.) macht auf die tiefgreifende Veränderung des Vertrauensverständnisses durch die Moderne aufmerksam. Moderne Menschen lassen sich demnach nicht mehr vom Vertrauen der Eltern, Pastorinnen, Ärzte und Herrscherinnen bestimmen. Sie müssen Vertrauen selbst herstellen. Und sie können anderen nur vertrauen, wenn sie sich selbst vertrauen. Da Vertrauen nicht mehr in feststehende Normen und Traditionen eingebunden ist, muss es errungen werden – und zwar in Freundschaften, Beziehungen und Institutionen.

Diesem Wandel wäre erheblich differenzierter nachzugehen. Hier verstärkt sich lediglich die Einsicht vom Anfang, dass Kirche das Wächteramt nicht in einer Weise innehaben kann, die ihr eine Position über den anderen gibt. Sie ist wie alle anderen Institutionen geschichtlich bedingt. Dennoch kann sie ihre kritischen Vertrauens-Kompetenzen und Sinnressourcen einbringen. Diese sind von großer Bedeutung, denn der gerechte Frieden „basiert auf der Fähigkeit, unausweichliche Konflikte konstruktiv bearbeiten zu können. Die Einübung in diese Fähigkeit beginnt im alltäglichen Leben der Menschen. Vertrauensbildung und Verständigungsversuche sind Wege dazu“ (EKD 2007, Ziff. 195). Kirche nimmt konkret Einfluss, indem solche Praktiken in Bildungsprozessen, in Gottesdiensten, Gemeindegruppen oder Unterrichtssituationen, in öffentlichen Denkschriften und Wortmeldungen, vor allem aber auch in den alltäglichen Lebenswelten ihrer Mitglieder und Mitgliederinnen, vollzogen und eingeübt werden.

6 Ausblick

Begriff und Realisierung des gerechten Friedens bleiben eine Herausforderung. Dessen komplexe Möglichkeitsbedingungen lassen sich kaum umfassend fassen. Als Pointe des gerechten Friedens steht die Bedeutung der Vorsorge: „Wer den Frieden will, muss den Frieden vorbereiten.“ (EKD 2007, Ziff. 194) Die Kirche kann sich in ihrem Beitrag der Vorbereitung des Friedens auf ihre weitreichenden Ressourcen fokussieren und dabei ihre Bildungsaufgabe wahrnehmen, die hier als Förderung kritischen Vertrauens exemplarisch herausgearbeitet worden ist.

Das hier vorgelegte Argument stellt die Kirche in den Horizont des ausdifferenzierten Institutionengefüges, welches sich im Horizont der werdenden Weltgesellschaft ausbildet. Wird sich die Kirche an ihrem originären Auftrag ausrichten, kann sie einen erheblichen Beitrag als Wächterin im Geflecht der anderen

Institutionen leisten. Sie bildet den religiösen Sinn des Friedens aus christlicher Perspektive aus. Angesichts einer postsäkularen Zeitdiagnose ist es dringend erforderlich, dass die Kirche sich auf ihre eigenständige Aufgabe in der Friedensbildung konzentriert.

Literatur

Altglas, Véronique. 2011. Introduction. In *Religion and Globalization Bd. I*, hrsg. von Véronique Altglas, 1-22. London: Routledge.

Beutel, Albrecht. 2010. Theologie als Unterscheidungslehre. In *Luther Handbuch*, hrsg. von Albrecht Beutel, 450-454. 2. Aufl. Tübingen: Mohr Siebeck.

Edenhofer, Ottmar, Johannes Wallacher, Michael Reder und Hermann Lotze-Campen (Hrsg). 2012. *Global aber gerecht. Klimawandel bekämpfen, Entwicklung ermöglichen*. München: C.H. Beck.

Evangelische Kirche in Deutschland (EKD). 2007. *Aus Gottes Frieden leben – für gerechten Frieden sorgen. Eine Denkschrift des Rates der Evangelischen Kirche in Deutschland*. Gütersloh: Gütersloher Verlagshaus.

Giddens, Anthony. 1995. *Konsequenzen der Moderne*, Frankfurt a.M.: Suhrkamp.

Graf, Friedrich Wilhelm. 1988. Vom Munus Propheticum Christi zum prophetischen Wächteramt der Kirche? Erwägungen zum Verhältnis von Ekklesiologie und Christologie. *Zeitschrift für Evangelische Ethik* 32: 88-106.

Gray, John. 2009. *Politik der Apokalypse. Wie Religion die Welt in die Krise stürzt*. Stuttgart: Klett-Cotta.

Habermas, Jürgen. 2001. *Glauben und Wissen. Friedenspreis des Deutschen Buchhandels 2001*, Frankfurt a. M: Suhrkamp.

Habermas, Jürgen. 2005. Eine politische Verfassung für die pluralistische Weltgesellschaft? In *Zwischen Naturalismus und Religion. Philosophische Aufsätze*, 324-366. Frankfurt a.M.: Suhrkamp.

Habermas, Jürgen. 2009. Die Revitalisierung der Weltreligionen – Herausforderung für ein säkulares Selbstverständnis der Moderne. In

Philosophische Texte. Bd. 5: Kritik der Vernunft, 387-407. Frankfurt a.M.: Suhrkamp.

Herms, Eilert. 1991. *Gesellschaft Gestalten. Beiträge zu einer evangelischen Sozialethik*. Tübingen: Mohr Siebeck.

Höffe, Otfried. 2004. *Wirtschaftsbürger, Staatsbürger, Weltbürger. Politische Ethik im Zeitalter der Globalisierung*. München: C.H. Beck.

Hofheinz, Marco. 2011. De munere prophetico. Variationen reformierter Auslegung in prophetischer Tradition. In *Calvins Erbe. Beiträge zur Wirkungsgeschichte Johannes Calvins*, hrsg. von Marco Hofheinz, Wolfgang Lienemann und Martin Sallmann, 115-168. Göttingen: Vandenhoeck & Ruprecht.

Huber, Wolfgang. 2004. Kirche in der Zeitenwende – Vortrag im Rahmen der Jubiläumsfeier um 500. Geburtstag des Züricher Reformators Heinrich Bullinger. Vortrag am 13. Juni 2004 in Zürich. https://www.ekd.de/vortraege/huber/040613_huber_bullinger.html. Zugegriffen: 12. April 2017.

Joas, Hans. 1996. *Die Kreativität des Handelns*. Frankfurt a.M.: Suhrkamp.

Leggewie, Claus. 2004. Zugehörigkeit und Mitgliedschaft. Die politische Kultur der Weltgesellschaft. In *Handbuch der Kulturwissenschaften, Bd. 1: Grundlagen und Schlüsselbegriffe*, hrsg. von Friedrich Jäger und Burkhard Liebsch, 316-333. Stuttgart: J.B. Meztler.

Lehmann, David. 2011. Religion and Globalization. In *Religion and Globalization. Critical Concepts in Social Studies III*, hrsg. von Véronique Altglas, 75-92. London: Routledge.

De Maizière, Thomas. 2012. Kirche im Staat. Christsein entbindet uns nicht von Verfassungstreue. Aber wir haben ein Wächteramt. Auszug aus der Rede des Verteidigungsministers am 1. November 2012 in Leipzig anlässlich der Festwoche „800 Jahre Thomaskirche". http://www.zeit.de/2012/46/Ministerrede-Maziere-Kirche-Staat?print. Zugegriffen: 14. April 2017.

Munzinger, André. 2015. *Gemeinsame Welt denken. Bedingungen interkultureller Koexistenz bei Jürgen Habermas und Eilert Herms*. Tübingen: Mohr Siebeck.

Norris, Pippa und Ronald Inglehart. 2004. *Sacred and Secular: Religion and Politics Worldwide*. Cambridge: Cambridge University Press.

Norris, Pippa und Ronald Inglehart. 2009. *Cosmopolitan Communications: Cultural Diversity in a Globalized World*. Cambridge: Cambridge University Press.

Preul, Reiner. 1997. *Kirchentheorie: Wesen, Gestalt und Funktionen der evangelischen Kirche*. Berlin: De Gruyter.

Riesebrodt, Martin. 2001. *Die Rückkehr der Religionen. Fundamentalismus und der „Kampf der Kulturen"*. 2. Aufl. München: C.H. Beck.

Robbins, Joel. 2011. Is the Trans- in Transnational the Trans- in Transcendent? On Alterity and the Sacred in the Age of Globalization. In *Religion and Globalization. Critical Concepts in Social Studies I*, hrsg. von Véronique Altglas, 125-142. London: Routledge.

Schleiermacher, Friedrich D.E. 1990 [1812/13]. *Ethik* (mit späteren Fassungen der Einleitung, Güterlehre und Pflichtenlehre), hrsg. von Hans-Joachim Birkner. 2. Aufl. Hamburg: Felix Meiner.

Schneidewind, Uwe. 2013. Wandel verstehen – auf dem Weg zu einer „Transformative Literacy". In *Wege aus der Wachstumsgesellschaft*, hrsg. von Harald Welzer und Klaus Wiegandt, 115-140. Frankfurt a.M.: Fischer.

Scobel, Gert. 2009. Bildung im 21. Jahrhundert. In *Vernunft und Politik im 21. Jahrhundert. Für Roman Herzog*, hrsg. von der Hertie Stiftung, 123-137. Hamburg: Hoffmann und Campe.

Politikberatung und Dialog
Thesen zur friedensethischen Verantwortlichkeit der Kirchen

Herbert Wulf

1 Einleitung

„Für die Evangelische Kirche in Deutschland (EKD) bildet der Friede von Anfang an ein herausragendes Thema öffentlicher Verantwortung." (EKD 2007, S. 7), so lautet der erste Satz des Vorwortes vom damaligen Ratsvorsitzenden Wolfgang Huber zur Friedensdenkschrift der EKD von 2007. Die Kirchen haben den moralisch hohen Anspruch, zur Vermeidung von Gewalt, zur Prävention oder Beendigung von Kriegen und zur Schaffung von Frieden und Gerechtigkeit einen Beitrag zu leisten. Im Titel der ersten friedensethischen Denkschrift der EKD von 1981, „Frieden wahren, fördern und erneuern" (EKD 1981) ist schon das handlungsleitende Motiv evident: Kirche soll und muss sich auch darum bemühen, nach praktischen Möglichkeiten des Handelns zu suchen – in den Worten der Denkschrift von 2007 „für gerechten Frieden zu sorgen" –, also Immanuel Kants Maxime zu folgen: „Frieden muss gestiftet werden" (Kant 2008 [1795], S. 158f.). Gerade für das Handeln ist Orientierung von Bedeutung. Was ist die Basis für das Handeln, welche Normen oder auch religiös begründete Überzeugungen liegen zugrunde? Gemäß Werner Stegmaier (2005, S. 16) ist Orientierung „der Inbegriff dessen, womit man es unmittelbar ‚zu tun hat', was für das Handeln gegenwärtig von Belang ist". Das Ziel „gerechter Frieden" bietet hier Orientierung, auch wenn dieser Terminus – wie „angestrebt und oft postuliert" – gegenüber dem weiten Friedensbegriff „nicht wirklich etwas konstitutiv Neues" bezeichnet, wie Jean-Daniel Strub (2011, S. 109) kritisiert.

Auf die Forschung bezogen hatte der frühere Bundeskanzler Helmut Schmidt angemahnt, dass sie „Verantwortung für die Zukunft zu tragen" habe. Damit wies er der Wissenschaft eine „Bringschuld" zu, neue Erkenntnisse zur Verfügung zu stellen, während die Politik eine „Holschuld" habe. Friedensforschung müsse ihr Wissen proaktiv mobilisieren (zit. nach Brühl 2015, S. 46). Gemäß dieser Aussage von Bringschuld und Holschuld ist das Verhältnis zwischen Forschung und Politik oder auch Kirche und Politik durchaus reziprok, also aufeinander bezogen; es ist ein sozialer Austausch. Die Wissenschaft wie auch die Kirche müssen sich engagiert an die Politik wenden, um ihre Erkenntnisse zur Schaffung einer friedlicheren Welt der Politik nahe zu bringen, während sich die Politik darum bemühen muss, diese Erkenntnisse der Wissenschaft und ethischen Grundsätze der Kirchen bei politischen Entscheidungen zu berücksichtigen. Es geht also darum, die Positionen zum Thema Krieg und Frieden proaktiv zu mobilisieren, Impulse zu geben, um sie in die öffentliche Debatte einzubringen und der Politik zugänglich zu machen.[1]

---

1 Der Begriff „Politik" ist natürlich sehr umfassend und nicht trennscharf. Ohne an dieser Stelle eine detaillierte Beschreibung abzugeben, wer zu diesem Bereich „Politik" im hier verwendeten Sinne gehört, sind v. a. Entscheidungsträger im Blick, die i. d. R. auf nationaler wie internationaler Ebene die Entwicklung von Konflikten und deren Verschärfung oder Entschärfung beeinflussen bzw. beeinflussen können. Zuvörderst sind dies Regierungen, Parlamente und inter-

Wie ist es um dieses Anliegen der öffentlichen Verantwortung für Frieden und Gerechtigkeit, um die „Bringschuld“ und die Notwendigkeit zu handeln bestellt? Die EKD kommt dieser Verantwortung durch regelmäßige öffentliche Äußerungen nach, beispielsweise mit den jährlichen Berichten der Gemeinsamen Konferenz Kirche und Entwicklung zu deutschen Rüstungsexporten, aber auch durch Beratungen, die nicht immer öffentlich sein müssen. Zu den vielfältigen Möglichkeiten, Einfluss auf politische Entscheidungen zu nehmen bieten sich mindestens fünf verschiedene Formen an:

1. Publikationen und Stellungnahmen, die sich an die verantwortlichen Politiker und die allgemeine Öffentlichkeit wenden, wie beispielsweise Denkschriften. Diese Art von Stellungnahmen basieren zumeist auf einem Diskussionsprozess, der auch den innerkirchlichen Pluralismus widerspiegelt. So sind die Gremien oder Kommissionen zur Erarbeitung von Stellungnahmen der EKD auch nicht nur mit Kirchenvertretern besetzt;
2. ein Dialog mit den politisch Verantwortlichen, also ein mündliches oder schriftliches Zwiegespräch auf Augenhöhe mit Rede und Gegenrede;
3. offene Gesprächsforen (wie bei Akademietagungen, Kamingesprächen usw.), um hier die jeweiligen Positionen kennen zu lernen, Erfahrungen auszutauschen und sich gegenseitig anzuregen und zu beeinflussen;
4. Politikberatung, bei der Politiker für ihren Entscheidungsprozess Ratschläge von außen erhalten, und
5. schließlich die bewusste Ablehnung jedweder Kommunikation, ein Schritt, der sicherlich nur selten zielführend und nur in Ausnahmefällen anwendbar ist, wenn beispielsweise keinerlei

---

nationale Organisationen. Im weitesten Sinne gehört dazu aber auch die Öffentlichkeit.

Möglichkeit der Einflussnahme besteht, kein öffentlicher Dialog möglich ist oder Politik sich über unbequeme Einsichten hinwegsetzt.

Ohne diese unterschiedlichen Formate im Einzelnen bewerten zu wollen, wende ich mich dem Bereich der Politikberatung und des Dialogs zu Frieden und Sicherheit, Krieg und Rüstung zu und greife dabei auf meine Erfahrungen als Friedensforscher zurück (Wulf 2011). Ähnlich wie im kirchlichen Bereich versucht die Friedens- und Konfliktforschung auf der Basis ihrer Erkenntnisse durch Beratung, Dialog, Gespräche, öffentliche Aussagen usw. einen Beitrag zur Problemlösung zu leisten und nicht nur die Ursachen von Kriegen und Konflikten zu erforschen oder zu beschreiben – also die von Helmut Schmidt angesprochene „Bringschuld" zu erfüllen. Die Erfahrungen dieser Politikberatung mögen bei den Kirchen vielleicht anders als bei Friedens- und Konfliktforschern sein. Während die Wissenschaft auf der Basis ihrer wissenschaftlichen (und zumeist empirisch fundierten) Erkenntnisse berät oder in einen Dialog mit der Politik eintritt, geschieht dies seitens der Kirchen vor allem auf der Grundlage von Moral und Religion. Kirche ist dabei in der Regel als gesellschaftlich relevanter Faktor von der Politik anerkannt. Trotz der deutlich unterschiedlichen Basis für das Verhältnis zur Politik scheint mir, dass bestimmte Grundsätze zu beachten sind, wenn Politikberatung oder Dialog fruchtbar gemacht werden und Wirkung erzielen sollen. Ich setze voraus, dass die normativ orientierte Friedens- und Konfliktforschung ebenso wie die Kirchen mit diesem Beratungs-, Gesprächs- und Dialogprozess Wirkungen erzielen und sich vor allem den selbst gesteckten Zielen nähern wollen, nämlich dazu beizutragen, Konflikte möglichst gewaltfrei zu bearbeiten und dem gerechten Frieden näher zu kommen.

Die Frage, welche Grundlagen oder Spielregeln gegeben sein müssen, um tatsächlich in einen fruchtbaren gemeinsamen Prozess einzutreten, möchte ich folgend anhand von acht Thesen diskutieren, um im Anschluss einige Schlussfolgerungen für eine konstruktive kirchliche Einflussnahme zur Förderung eines gerechten Friedens aus den Erfahrungen im Bereich der Politikberatung zu ziehen.

2 Acht Thesen zum Verhältnis von Ratgeber und Ratnehmer

1. Praxisferne und politischer Alltag: Politiker kritisieren Wissenschaftlerinnen und Wissenschaftler häufig wegen ihrer „Wissenschaft im Elfenbeinturm"; sie würden Ergebnisse mit geringer Relevanz für die reale Welt vorlegen, mit denen die Politik wenig anfangen könne. Die Theorie sei vielleicht interessant, aber sie bemängeln die fehlende Bedeutung wissenschaftlicher Arbeiten für praktisches Handeln. Wissenschaftler dagegen kritisieren den vordergründigen Ruf der Politik nach Patentrezepten; die Wissenschaft wird aufgefordert, zu aktuellen Krisen Stellung zu beziehen oder gar Lösungen zur Beendigung von Kriegen vorzuschlagen. Politiker müssen oft möglichst kurzfristig entscheiden (beispielsweise in einer Katastrophe) und sind dabei auf solide Ergebnisse und Erfahrungen angewiesen, die aber nicht immer von der Wissenschaft kurzfristig vorgelegt werden können.

Im politischen Alltag stehen Politiker häufig vor einem Entscheidungsdilemma, wenn es gilt, zwischen zwei suboptimalen Handlungsweisen wählen zu müssen (beispielsweise militärisch einzugreifen, um humanitäres Leid zu beenden, oder aber bewusst auf den Einsatz von Gewalt zu verzichten). Die Diskussionen um die sogenannte internationale Schutzverantwortung (R2P) in der

EKD zeigen, dass in solchen Situationen auch die Zugrundelegung moralischer Grundsätze nicht ohne weiteres zu eindeutigen Schlussfolgerungen führt. Der Titel der Publikation „Menschen geschützt – gerechten Frieden verloren?“ hebt dieses Dilemma deutlich hervor (Werkner und Rademacher 2013). Das Leitbild vom gerechten Frieden, das auf Dialog unter den Konfliktparteien und zivile Konfliktbearbeitung setzt, ist in der Praxis oft nur schwer zu realisieren.

2. Ratlose Ratgeber: Die Politik benötigt Informationen, die ihnen eine sachgerechte Entscheidung ermöglicht. Aber verfügen wir (als Wissenschaftler oder als Kirchen) denn immer über gesichertes Wissen, beispielsweise um die Ursachen von Kriegen und gewalttätigen Konflikten eindeutig zu erklären? Das Friedensgutachten, das 2016 zum dreißigsten Mal erschienen ist und von den fünf führenden Friedensforschungsinstituten in Deutschland veröffentlicht wird, kommt zu der Erkenntnis, dass der Satz von Gustav Heinemann, vor 50 Jahren formuliert, auch noch heute gelte: „Der Frieden ist die eigentliche Forschungslücke der Wissenschaft.“ (Johannsen et al. 2016, Vorwort) Dagegen argumentiert Thorsten Bonacker (2015, S. 46), die Friedens- und Konfliktforschung verfüge in Phasen hocheskalierter Gewalt nicht über „zu wenig, sondern über zu viel“ medial und politisch nachgefragtes Wissen. Aber für konkrete Entscheidungen in aktuellen Konflikten helfe dieses Wissen wenig, um Lösungswege zu identifizieren.

Um Ratschläge geben zu können oder Lösungswege aufzeigen zu können, ist Orientierung erforderlich. Nach Andreas Luckner (2005) setzt dies eine Orientierung an Normen und Werten voraus, aber auch die Verfügung über Orientierungsmittel und Fähigkeiten. Haben wir denn überzeugende Konzepte für friedliche Kooperation oder gar für eine globale Friedensordnung – auch bei der grundsätzlichen Bereitschaft christlicher Ethik zum Gewaltverzicht?

3. *Uneinige Ratgeber:* Bei der Diagnose von Konflikten und möglicher Lösungsansätze kommen die Berater oder Dialogpartnerinnen möglicherweise zu unterschiedlichen Einschätzungen. In der Beurteilung der Notwendigkeit der Intervention der Bundeswehr im Kosovokrieg waren die Friedensforscher genauso in pro und contra gespalten wie die gesamte Gesellschaft in Deutschland. Spätestens seit den Kriegen auf dem Balkan und dem Genozid in Ruanda ist der absolute Gewaltverzicht in der Friedensforschung umstritten. Ähnlich zeigt sich die Situation in der EKD: Die Stellungnahme der Kammer für Öffentliche Verantwortung zum Einsatz in Afghanistan bezeichnet die dort vertretenen Positionen als einen „breiten und gleichwohl differenzierten Konsens innerhalb der evangelischen Friedensethik" (EKD 2013, S. 8), obgleich mehrfach und an entscheidenden Stellen durchaus gegensätzliche Positionen vertreten werden, zum Beispiel über die Legitimierung und Legitimität militärischen Eingreifens als „ultima ratio". In dieser Schrift zeigt sich der innerkirchliche Pluralismus durch die ausgewiesenen Pro- und Contra-Argumente durchaus deutlich. – Soll aber bei derartig unterschiedlichen Positionen lediglich die Mehrheitsmeinung als Rat angeboten werden? Andererseits bleibt die Frage: Was kann Politik mit den unterschiedlichen, manchmal gegenläufigen Ratschlägen anfangen? Welchem Ratschlag soll sie folgen – den Befürwortern oder den Gegnern militärischer Interventionen –, wenn konkrete Entscheidungen gefällt werden sollen?

4. *Erwartungen der Ratgeber und ungebetener Rat:* Die Ratgeber wollen Politik in ihrem Sinne beeinflussen. PolitikerInnen handeln aber oft nur oder holen sich Rat, wenn sie (öffentlichen) Druck verspüren. Ob man ihnen nahebringen kann, nicht nur dann zuzuhören, wenn der Rat genehm ist? Auch bei der Politikberatung im Rahmen der Diskussionen um Frieden und Gerechtigkeit sind Enttäuschungen programmiert, wenn die gegenseitigen Erwartun-

gen nicht realistisch artikuliert und eingeschätzt werden. Mit ihrer Erwartung, durch ihre jährlichen Rüstungsexportberichte eine restriktivere Exportpolitik zu ermöglichen, ist die EKD Jahr für Jahr, trotz gegenteiliger Versicherungen der Politiker, enttäuscht worden – jüngst wieder im Jahr 2016. Das heißt aber nicht, dass die Stellungnahmen der EKD zu deutschen Rüstungsexporten und die Aufnahme von Gesprächen mit Entscheidungsträgern folgenlos geblieben wären. Unterschiedliche Auffassungen und Einschätzungen können (längerfristig) durchaus zu produktiven Ergebnissen führen.

Beurteilen politische Entscheidungsträger und Ratgeberinnen die zu verfolgende Politik grundsätzlich anders oder gegensätzlich, wird der angebotene Rat vermutlich völlig abgelehnt. Beispielsweise wurden in der Vergangenheit Entscheidungen für Rüstungsexporte in bestimmte Länder oder den Einsatz der Bundeswehr von Ratgebern aus der Zivilgesellschaft häufig prinzipiell abgelehnt, und entsprechend lehnten Politikerinnen die Annahme der Ratschläge ab oder ignorierten sie. In dieser Situation stellt sich die Frage, ob eine Zusammenarbeit – Beratung oder Dialog – überhaupt möglich ist.

5. *Offene Türen, Lobbyismus, Beratungsresistenz und Zielkonflikte:* Angesichts immer deutlicher artikulierter Forderungen nach Transparenz öffentlicher Entscheidungen stehen heute die Türen in den Ministerien oder bei Abgeordneten weiter offen als früher. Damit sind die Möglichkeiten für Politikberatung und Einflussnahme größer geworden. Gleichzeitig aber werden sehr unterschiedliche Erwartungen an die Entscheidungsträger und Planerinnen politischer Entscheidungen herangetragen. Nicht nur Wissenschaftler, Organisationen der Zivilgesellschaft, Kirchen, Gewerkschaften und Unternehmensverbände, auch Lobbyisten und nicht zuletzt auch die Medien traktieren die Politik mit Wünschen, Konzepten und

Fragen. Dieser Ansturm hat auch zu einer gewissen Abwehrhaltung, manchmal gar Planungs- und Beratungsresistenz geführt.

Darüber hinaus existieren Zielkonflikte. Beispielsweise fordern in der Rüstungsexportpolitik Kirchen, Nichtregierungsorganisationen, auch die Opposition eine restriktive Politik ein. Gewerkschaften aber wollen Arbeitsplätze in der Rüstungsindustrie und Unternehmen ihre Geschäfte sichern. In diesem Zielkonflikt zwischen Begrenzung und Ausweitung des Rüstungsexportes, verstärkt durch politische Prioritäten, bestimmten Ländern Waffen zu liefern, versucht die Regierung, beides zu erreichen: Den einen verspricht sie, sich an die selbst gesetzten Restriktionen zu halten, den andern genehmigt sie, wenn irgendwie vertretbar, Waffen zu exportieren.

6. Stärkung der eigenen Positionen: Politik geht es häufig weniger um eine sachgerechte Beratung als vielmehr um die Stärkung der eigenen politischen Positionen. – Der Politiker oder die Politikerin sucht keine neuen Erkenntnisse oder Informationen, sondern Unterstützung für die Politik, die bereits als richtig erkannt wurde oder die er oder sie aufgrund einer als unumstößlich angesehenen Position der eigenen Partei vertritt. In einer solchen Situation müssen Beraterinnen darauf achten, dass ihr Rat nicht als Rechtfertigung bestimmter Politiken missbraucht wird.

Was tun Politiker, wenn sie keine – in ihrem Sinne – ordentliche Beratung erhalten, sich gleichzeitig aber immer wieder bei ihren Wählerinnen legitimieren müssen? – Man sucht den Rat, den man braucht. Sie suchen sich die Leute, die ihnen diese Legitimation liefern. Das sind beispielsweise Gutachter, seit einigen Jahren zunehmend auch Unternehmensberater und Consultingfirmen. Sie sind die neue „Priesterkaste“, die meist sehr viel genauer hinhört, was von ihnen erwartet wird und welche Ergebnisse gewünscht werden. Dafür werden sie dann auch gut bezahlt.

7. Parteipolitik und Manipulation der Öffentlichkeit: Effiziente und korrekte Politikberatung hat nichts mit Parteipolitik zu tun. In den USA (etwas abgeschwächt auch in Europa) konnte man in den letzten Jahrzehnten deutlich erkennen, dass sich parteipolitische Berater wenig an Objektivität oder gar Wahrheitssuche orientieren. Vielmehr entsteht zumeist eine Kombination aus ideologischer Vernebelung und politischer Überzeugungsarbeit (die Aufgabe der sogenannten „spin doctors"). Das ist ein Ringen um Deutungshoheit, das oft entscheidend für Wahlen oder auch Gesetzesinitiativen ist, nicht aber für solide Politikberatung und schon gar nicht für Dialog geeignet ist. Die Lieferung von Ergebnissen, die gerne gehört werden und erwünscht sind oder von denen man annimmt, dass sie in der Öffentlichkeit gut ankommen, mag zwar kurzfristig für Politiker und Beraterinnen verführerisch und oft auch lukrativ sein, sie sind jedoch keine Grundlage für solide Politikberatung.

8. Gefahren und Chancen durch neue Medien: In der heutigen Mediengesellschaft ist eine deutliche Aufwertung der Presse- und Öffentlichkeitsarbeit bis hin zur aktiven Nutzung sozialer Netzwerke zu spüren. Bilder und Videos Einzelner gelangen in die Nachrichten. Wir müssen mit ansehen, wie Aleppo zerbombt wird, Flüchtlinge angepöbelt werden, Menschen im Mittelmeer ertrinken oder können live verfolgen, wie der IS aus Mossul vertrieben wird. Kriegsberichterstattung ist nicht neu. Neu ist aber, dass Menschen ihre Meinung, ihren Hass, gar Hetze und ihre Verschwörungstheorien ungefiltert ins Netz stellen können. Kommentare und Lügen bleiben dort meist lange erhalten, auch wenn sie als falsch entlarvt wurden. Und die traditionellen Medien – wie Fernsehen und Zeitungen – lassen sich davon beeindrucken. Im Bestreben, immer als erste sensationelle Meldungen zu senden oder zu drucken, gerät dann manchmal die Realität aus dem Blick. Das Virtuelle wird zur Realität – wie beispielsweise bei dem Attentat in

Bayern im Jahr 2016, als gewaltsame Auseinandersetzungen mit der Polizei in den sozialen Netzen auftauchten und übernommen wurden. Später stellte sich heraus: Es hatte überhaupt nichts mit dem Terroranschlag in Bayern zu tun; es handelte sich um eine Terrorübung in Südafrika im Jahr 2015, die irgendjemand ins Netz gestellt hatte. Man kann auch schlussfolgern: Die Nachrichten sind schneller als die Beweise!

Es scheint einen Trend zu geben, in der Politik Fakten zu ignorieren oder zu leugnen. Der US-amerikanische Präsident Donald Trump ist aktuell vielleicht das markanteste Beispiel. Der damalige Präsident George W. Bush hat mit der Behauptung, der Irak verfüge über Massenvernichtungsmittel, dort 2003 einen Krieg angezettelt und legte angebliche Beweise dafür im UN-Sicherheitsrat vor. Nach dem Ende des Krieges fand man trotz gründlicher Suche keine Spur von Massenvernichtungsmitteln und die „Beweise" entpuppten sich als manipuliert. Der Irak wurde zerstört und die Grundlage für die Entstehung des IS war gelegt. Diese Politik (auch als postfaktisch bezeichnet) ist also nicht neu, aber sie scheint immer populärer zu werden. Politik auf der Basis falscher Informationen oder gar Lügen werden üblicher. Gerade wegen dieser Tendenz ist seriöse Politikberatung unerlässlich.

3 Einige Schlussfolgerungen

Will die EKD dem eigenen Anspruch nach ethisch fundierter und effektiver Politikberatung, nach Dialog, nach Moderation gegensätzlicher Positionen, nach Vermittlung der eigenen Erkenntnisse und Überzeugungen gerecht werden, will sie Einfluss nehmen und Impulse geben und nicht nur das Leitbild des gerechten Friedens hochhalten, sondern „für gerechten Frieden sorgen", dann sind verschiedene Aspekte der jeweils unterschiedlichen Rollen und

Verantwortlichkeiten von Politik und Kirche zu beachten, wie sie schon durch die Charakterisierung von „Bringschuld" und „Holschuld" angedeutet wurden, damit eine zur Erzielung eines gerechten Friedens förderliche Beziehung entstehen kann. Denn in der Praxis ist das Konzept des gerechten Friedens nur schwer zu realisieren.

Die Erwartungshaltung: Wenn Politikerinnen und Wissenschaftler (oder Kirchenvertreterinnen) von der angestrebten Politikberatung zu den Themen Kriege, Konflikte, Sicherheit, Frieden und Gerechtigkeit nicht enttäuscht werden wollen, sollten sie ihre gegenseitigen Erwartungen und Wahrnehmungen klar definieren. Was soll durch die Beratung oder den Dialog erreicht werden? Will man das unproduktive Paar der ungebetenen oder hilflosen Beraterinnen auf der einen und der beratungsunwilligen oder -resistenten Politiker auf der anderen Seite auflösen, um daraus eine produktive Zusammenarbeit zu entwickeln, dann muss man die subjektiven Verhaltensweisen oder gar Vorurteile auf beiden Seiten in Rechnung stellen, die strukturellen Hindernisse aufgrund der unterschiedlichen Rollen der Entscheidungsträgerinnen und Berater berücksichtigen und auch die tatsächlichen oder vorgeschobenen Sachzwänge der Politik beachten. Vielleicht ist dann Dialog auf Augenhöhe sinnvoller als Beratung. Die unterschiedlichen Auffassungen zum deutschen Rüstungsexport zeigen, dass kirchlicher Rat und kirchliche Kritik an den politischen Praktiken der Genehmigung nicht unbedingt nachhaltige Wirkung zeigt. Dennoch ist es notwendig, moralisch fundierte Kritik zu äußern. Auch die Verständigung über das Vorhandensein eines Dissenses kann hilfreich für politische Entscheidungen sein. – Ja, ein Dissens kann auch als produktive Ressource betrachtet werden und ist manchmal hilfreicher als ein Konsens, denn durch eine sachgerechte, kritische und durchaus kontroverse Auseinandersetzung können Grundlagen für politische Entscheidungen gewonnen werden.

Die Art der Beziehung: Ob Beratung, Dialog, Diskussion, Debatte (öffentlich oder hinter verschlossenen Türen), die Form hängt sicherlich von der jeweiligen Situation und dem Sachgegenstand ab. Beratung mit Ratgebern und Ratnehmerinnen beinhaltet eine Asymmetrie, die zur Entscheidungsfindung nicht immer hilfreich ist. Beratung bedeutet, dass die Beraterinnen etwas anzubieten haben, das dem Gegenüber bei einer Entscheidungsfindung vielleicht von Nutzen sein kann, beispielsweise in Situationen der Unsicherheit oder Desorientierung. Hier kann Beratung Hilfe zur Selbsthilfe des Ratsuchenden sein (Luckner 2005). Dialog hebt den Wunsch auf gegenseitige Verständigung oder das Bestreben, einen gemeinsamen Nenner zu finden, hervor. Dialog nimmt das Ergebnis nicht vorweg; es ist Wechselrede und Austausch; es ist ein prozesshaftes Hin und Her (Hirsch 2005). Hintergrundgespräche und offene Formate, wie Akademietagungen, dienen der Erkenntnisgewinnung, dem Erfahrungsaustausch und dem Kennenlernen der jeweiligen Positionen. Diskussion und Debatte haben eher einen bestimmten Inhalt im Blick; sie sollen einen Diskurs ermöglichen; auch hier steht Austausch im Vordergrund und das Ergebnis ist vom Verlauf abhängig.

In vertrackten Situationen ist auch zu fragen, ob eine Zusammenarbeit – Beratung oder Dialog – überhaupt möglich ist. In einer Ausnahmesituation könnte die Verweigerung der Kommunikation ein wichtiger symbolischer Akt sein, um Anbiederei oder Leisetreterei zu vermeiden und um vielleicht dann doch ins Gespräch zu kommen. Ein Abbruch von Gesprächen oder die Verweigerung eines Dialogs kann auch dann sinnvoll sein, wenn das politisch-kirchliche Gespräch für politische Zwecke missbraucht werden könnte (beispielsweise wenn durch einen nicht sachgerechten Dialog seitens der Politik versucht wird, öffentliche Legitimation zu erhalten).

Der Zeitfaktor: Die Vermeidung von Kriegen und Konflikten und das Schaffen von Gerechtigkeit ist sowohl für die Kirchen als auch für die Politik ein zentrales Thema. Die Vielzahl neuer und das Fortbestehen alter Kriege und gewaltsamer Konflikte, vor allem aber auch die oft spärlichen Resultate der Bemühungen um Frieden zeigen, dass kurzfristige und vor allem nachhaltige Erfolge nur schwer zu erzielen sind. Langfristige Friedensstrategien sind daher erforderlich. Politik tendiert aber dazu, in jeder neuen Krise mit *ad hoc*-Maßnahmen zu reagieren, oft auch, ohne aus den Fehlern der Vergangenheit zu lernen. Es ist sicher sinnvoller, erst abzuwägen, sich zu orientieren und dann zu handeln als auf jede neue Herausforderung aktionistisch zu reagieren. Die Kirchen wie auch die Friedens- und Konfliktforschung sollten sich davor hüten, sich ausschließlich oder vornehmlich auf Sofortmaßnahmen zu konzentrieren, selbst auf die Gefahr hin, dann gar nicht gehört zu werden. Beide Seiten – Politik und Wissenschaft/Kirchen – müssen erkennen, dass es auch einen Bedarf an langfristig wirksamer und nachhaltiger Politikberatung und entsprechendem Dialog gibt, die nicht in tagesaktuellen Ergebnissen zu messen sind. Kontinuität ist bei Grundsatzfragen wichtiger als kurzfristige Antworten.

Der eigene Kenntnisstand und die Kriterien: Wie präzise können wir Konfliktursachen benennen und wie sicher sind wir, wirksame Lösungsvorschläge vorlegen zu können? Über welche Kriterien verfügen wir, bestimmte Handlungen oder Maßnahmen zu empfehlen oder Lösungsvorschläge zu machen? Was sind die Messgrundlage und die Basis für unsere Ratschläge und damit für unsere eigene Orientierung? Welche Normen bilden die Grundlage für die Beratung, den Dialog und das Gespräch mit Politikvertretern? Bescheidenheit hinsichtlich des eigenen Erkenntnisstandes oder das Eingeständnis, keinen Lösungsvorschlag oder gar ein Patentrezept zur Hand zu haben, sind glaubwürdiger als Maßnahmen auszuprobieren, die sich dann als impraktikabel oder gar kontraproduktiv erweisen. Das Engagement in Afghanistan ist ein Musterbeispiel für Aktionismus ohne eine klare Strategie: Im Laufe der inzwischen über 17 Jahre dauernden Einsätze wurden die Begründungen, Ziele und auch Mittel dieses Einsatzes mehrfach verändert, ohne dass nachhaltiger Erfolg sichtbar ist.

Expertenwissen und die Art der Präsentation: Die Komplexität heutiger politischer Probleme erfordert Expertenwissen. Doch ist diese Komplexität zum Teil auch das Resultat einer mystifizierenden, technischen Sprache, die – häufig durchaus beabsichtigt – jene einschüchtert, die versuchen, sich mit den Experten auseinanderzusetzen. Ohne Zugang zu politischen Expertisen (oder Gegenexpertisen) kann heute weder Politik gemacht werden, noch können Interessengruppen am politischen Prozess auf effiziente Weise teilnehmen. Gegenwärtig hat die wachsende Bedeutung des Expertenwissens und der technischen Einrahmung politischer Fragen die Folge, dass die Bürgerbeteiligung, ein wesentlicher Aspekt der Demokratie, marginalisiert wird, weil die Experten sich in den Vordergrund stellen und sich nicht allgemein verständlich ausdrücken können oder wollen. Um Politik wirksam beraten zu können, sollten die Kirchen technokratisches Expertenwissens beiseitelassen, sich auf die ihr eigene Expertise stützen sowie Ergebnisse vorlegen und publizieren, die nicht nur für die politischen Akteure, sondern auch für die Öffentlichkeit, insbesondere für die Zivilgesellschaft, verstehbar und damit verwertbar sind. An die Präsentation der Ergebnisse kirchlicher Beratung müssen hohe Ansprüche gestellt werden: also keine Produktion von Buchstabenwüsten für das Bücherregal. Gefordert sind ansprechende Präsentationen! Ein organisierter Dialog zwischen Wissenschaft/Kirchen und Politik kann dazu beitragen, die Wissenschaftler bzw. Kirchenvertreterinnen zu zwingen, ihre Ergebnisse adäquat darzustellen, und Politiker dazu zu bewegen, zuzuhören.

Die neuen Medien haben einerseits zu erhöhter Aufmerksamkeit bei Kriegen und Konflikten, anderseits auch zu eklatanten Fehleinschätzungen (Stichwort: *fake news*) geführt. Dieser neuen hektischen Aufmerksamkeit kann solide langfristig angelegte Beratung und Dialog leicht zum Opfer fallen. Gleichzeitig können die neuen Medien ein wichtiges, noch nicht ausreichend genutztes Mittel für nachhaltige Politikberatung darstellen.

Literatur

Bonacker, Thorsten. 2015. Friedensforschung weiß viel über Konflikte. Angesichts explosiver Gewalt nützt ihr das wenig. *Sicherheit und Frieden* 33(1): 45-46.

Brühl, Tanja. 2015. Friedensforschung hat eine Bringschuld. Sie muss ihr Wissen proaktiv mobilisieren. *Sicherheit und Frieden* 33 (1): 46-48.

Evangelische Kirche in Deutschland (EKD). 1981. *Frieden wahren, fördern und erneuern. Eine Denkschrift der EKD.* Gütersloh: Gütersloher Verlagshaus.

Evangelische Kirche in Deutschland (EKD). 2007. *Aus Gottes Frieden leben – für gerechten Frieden sorgen. Eine Denkschrift des Rates der Evangelischen Kirche Deutschlands.* Gütersloh: Gütersloher Verlagshaus.

Evangelische Kirche in Deutschland (EKD) (Hrsg.). 2013. *„Selig sind die Friedfertigen." Der Einsatz in Afghanistan: Aufgaben evangelischer Friedensethik. Eine Stellungnahme der Kammer für Öffentliche Verantwortung der EKD.* Hannover: Kirchenamt der EKD.

Hirsch, Alfred. 2005. Orientierung und Asymmetrie. In *Orientierung. Philosophische Perspektiven*, hrsg. von Werner Stegmaier, 178-194. Frankfurt a. M.: Suhrkamp.

Johannsen, Margret, Bruno Schoch, Max M. Mutschler, Corinna Hauswedell und Jochen Hippler (Hrsg.). 2016. *Friedensgutachten 2016.* Münster: LIT.

Kant, Immanuel. 2008 [1795]. *Zum ewigen Frieden und andere Schriften.* Frankfurt a. M.

Luckner, Andreas. 2005. Drei Arten, nicht weiterzuwissen. Orientierungsphasen, Orientierungskrisen, Neuorientierung. In *Orientierung. Philosophische Perspektiven*, hrsg. von Werner Stegmaier, 225-241. Frankfurt a.M.: Suhrkamp.

Stegmaier, Werner. 2005. Einleitung. In *Orientierung. Philosophische Perspektiven*, hrsg. von Werner Stegmaier, 14-50. Frankfurt a.M.: Suhrkamp.

Strub, Jean-Daniel. 2011. Gerechter Frieden. In *Handbuch Frieden*, hrsg. von Hans Joachim Gießmann und Bernhard Rinke, 103-112. Wiesbaden: Verlag für Sozialwissenschaften.

Werkner, Ines-Jacqueline und Dirk Rademacher (Hrsg.). 2013. *Menschen geschützt - gerechten Frieden verloren? Kontroversen um die internationale Schutzverantwortung in der christlichen Friedensethik*. Münster: LIT.

Wulf, Herbert. 2011. Frieden und Politikberatung. In: *Handbuch Frieden*, hrsg. von Hans Joachim Gießmann und Bernhard Rinke, 495-502. Wiesbaden: Verlag für Sozialwissenschaften.

Orientierung des gerechten Friedens?

Ein Ausblick

Christina Schües

Wer fragt, ob die Aufforderung, für den gerechten Frieden zu sorgen, die in der Denkschrift des Rates der Evangelischen Kirche in Deutschland verfasst wurde, der Orientierung bedarf, wird sogleich auch fragen, welcher Art der Orientierung der Begriff des gerechten Friedens selbst sein könnte. Liegt in ihm eine Orientierungs- oder Leitperspektive vor? Beinhaltet das Selbstverständnis der Autorinnen und Autoren dieser Schrift, die *Denkschrift* genannt wurde, ein orientierendes Wissen, das sowohl auf den unterschiedlichen Ebenen der Reflektion als auch auf die allgemeinen Prinzipien, Normen und konkreten Erfahrungsdimensionen zu wirken vermag? Und wenn es das tut, in welchem Sinne tut es dieses? In welchem Sinne wäre eine solche Wirkung oder Steuerung durch das Wissen und für die Urteilskraft und die Beurteilungen von konkreten Handlungen geboten? Und wenn der Denkschrift eine Steuerungsschwäche nachgesagt werden könnte, hieße das dann gleich *Des*orientierung? Diese und ähnliche Fragebereiche werden in den vorliegenden Beiträgen diskutiert. Hierbei werden vier Spannungsfelder aufgemacht, die zu unterschiedlichen Argumentationsfiguren führen:

1 Universalität – Individualität – Pluralität

Die Suche nach Orientierung setzt prominent im Zeitalter der Aufklärung ein. Es ist eine Zeit, in der Religion oder die Kirche, Autoritäten oder Regenten nicht das alleinige Sagen über die Leitung des Verstandes haben sollten. So ist es nicht verwunderlich, dass in einigen Texten dieses Bandes (Klaus Ebeling, Roger Mielke) Immanuel Kant als Pate für das Motiv nach Orientierung steht, denn er hat in seiner Schrift „Was heißt sich im Denken orientieren?" (1977 [1786]) deutlich auf das Denken hinsichtlich seiner Orientierungsleistung verwiesen und die „subjektive Perspektive", mittels derer Orientierung nur gelänge, hervorgehoben. Doch wer den Begriff der Orientierung im kantischen Sinne denkt, hat sich auf einen Diskurs des *Selberdenkens* eines Individuums und der Öffnung zur Universalisierung eingelassen, der die Pluralität des Miteinanderdenkens, den Einbezug einer sozialen Kontextualisierung der Individuen sowie die Hinterfragung des Begriffs des Individuums selbst außer Acht lässt. Das Ergebnis dieser Engführung auf die Öffnung zur universellen Vernunft ist, dass die „Situation und Position", in der sich das Individuum befindet, letztendlich ausgeblendet wird (Thomä 2005, S. 291). Auch Klaus Ebeling weiß um diese Problematik, wenn er einen Perspektivwechsel vorschlägt. Nicht nur vom aktiven Individuum allein soll eine (Selbst-)Bestimmung ausgehen, sondern auch durch ein Bestimmenlassen durch den Anderen. Der Versuch, vom Anderen her zu denken und die Beziehung mit dem Anderen zu thematisieren, ist eine Grundlage für Verantwortung. Hier ließe sich weiterführend fragen: Wer antwortet auf wen oder welche Verhältnisse? In welcher Verantwortungskonstellation lässt sich die Aufgabe, für einen gerechten Frieden zu sorgen, denken und übernehmen? So ist nicht nur die Forderung, dass die EKD Verantwortung übernehme (Roger Mielke), wichtig, sondern auch die Frage, wie sich die Kirche selbst in ihrer Verantwortungsbereitschaft vom Anderen her bestimmen und auffordern lässt.

2 Parameter und Strukturierung der Orientierung

Orientierungsprozesse sind Erkenntnisprozesse, die auf Erfahrungen und Gründen beruhen, und sie implizieren Handlungsnormen, die auf Regeln basieren. Diese Unterscheidung zwischen Erkenntnisprozessen und Handlungsnormen steht quer zu den drei Abstraktionsebenen der allgemeinen Prinzipien, moralischen Regeln und konkreten Handlungssituationen der Erfahrung. Wenngleich diese drei Ebenen miteinander verschränkt sind, wird sich die Unterscheidung zwischen den Gründen der Erkenntnis und den Normen der Handlung jeweils in ihrer spezifischen Weise auf den unterschiedlichen Ebenen wiederfinden.

Kants Entwurf beinhaltet, dass die an einen Raum gebundene Orientierung in jedem Falle eine einzelne sich-orientierende Person braucht, um von einem Standort aus zu wissen, wo sie ist und wo sie hinmöchte. Der Selber*denkende* allerdings hat diesen Standort nicht im Außen, sondern aufgrund eines „obersten Probierstein[s] der Wahrheit in sich selbst (d. i. in seiner eigenen Vernunft)“ (Kant 1977 [1786], S. 283 FN). Deshalb braucht das denkende Selbst nicht einen äußeren Kontext oder eine Situierung im Raum, sondern lediglich die Rückbindung an „den Grund, warum man etwas annimmt, oder auch die Regel, die aus dem, was man annimmt, folgt“, um dieses zu einem allgemeinen Grundsatz eines Vernunftglaubens zu machen (Kant 1977 [1786], S. 283 FN). Somit liegt in dem kantschen Entwurf der Orientierung im Denken das Augenmerk auf dem *Grund* und auf der von diesem abgeleiteten *Regel.*

Aus diesen beiden von Kant aufgeworfenen Frageausrichtungen an die Vernunft ergibt sich ein Orientierungsbegriff einerseits im Sinne des Sich-Orientierens als Erkennen von Gründen und andererseits als ein Ableiten von Handlungsnormen. Die erste Variante des Erkennens bezeichnet eher ein sich Zurechtfinden im Bereich der Gegenstände, seien sie die des Raumes oder des Denkraumes in Form von Begriffen, Grundsätzen, Werten oder Normen; Erkennen ist vergangenheits- oder gegenwartsbezogen. Die zweite Variante von Orientierung, die eher dem Handeln zukommt, soll dazu anleiten, wohin man geht und was man tun soll; Handlungsnormen sind zukunftsorientiert. Üblicherweise wird die sogenannte *Orientierungskrise* der zweiten Variante zugeschlagen. Die Autoren der vorliegenden Texte interessieren sich nur für die in einer Orientierung angesprochene Handlungsnorm, aber eher weniger oder nicht für die in ihr angesprochene Dimension des Erkennens. Diese Vernachlässigung führt meines Erachtens zu einer unfundierten Geringschätzung der epistemischen Ebene, die doch eigentlich in der Frage nach dem Orientierungs*wissen* angesprochen ist, und darüber hinaus zu dem Problem, dass der Sinn von *Denkschrift* dem Sinn von Leitbild untergeordnet wird. Es ist eine Unterordnung, die die zuvor angesprochene Ableitung der Regel von den Gründen unausgewiesen umkehrt.

Wenn die Denkschrift des gerechten Friedens als *Grund*lage für ein Denken über den gerechten Frieden gesehen wird, dann träte deutlicher hervor, dass ein allgemeiner Konsens hinsichtlich der allgemeinen Grundsätze und die differenzierte Kontextualisierung in „Dissense“ (Roger Mielke) nicht nur ein „Steuerungsproblem“ oder ein Übersetzungsproblem zwischen dem Allgemeinen und Konkreten darstellt (vgl. Reiner Anselm). Sowohl die epistemische Dimension des Erkennens wie auch die der Handlungsnormen ist vielschichtig: So wie es eine Ebene des allgemeinen Erkennens der Strukturen eines gerechten Friedens gibt, so können auch allgemeine friedensethische Prinzipien ausgemacht werden. Gleichermaßen werden auch auf mittlerer Ebene das Wissen und Erkennen um gerechte Strukturen, Rechtsverfassungen und materielle Ressourcen wie auch moralische in die Zukunft weisende Grundsätze der Werte und Normen wichtig. Die konkrete Ebene der Erfahrung und der Erkenntnis versucht, die vorliegende Situation sowie den gesellschaftlichen und kulturellen Kontext zu erfassen, um dann hieraus praktische und normative Handlungsnormen zu entwickeln. Diese drei Abstraktions- bzw. Konkretionsebenen interagieren und sind sowohl hinsichtlich der Erkenntnisleistungen als auch in Bezug auf die Findung von Handlungsnormen auszulegen.

3 Konsens oder Dissens?

Die im kirchlichen Zusammenhang verfasste Denkschrift soll explizit der Orientierung dienen. Diese Aufgabe impliziert die Frage, ob sie somit auch den Konsens der Verfasserinnen und Verfasser und derjenigen, die sie als Orientierungsschrift verstehen, voraussetzt. Braucht die *Denkschrift* den Konsens? Wenn so getan wird, als würden die Grundsätze erkenntnistheoretisch konsensual akzeptiert und keiner Rückfrage mehr bedürfen, dann würde die Orientierungsleistung der „Denkschrift“ als „Leitbild“ verstanden und nur basierend auf ihrer „Steuerungswirkung“ (Reiner Anselm) beurteilt. Das bedeutete, das Leitbild kann uns und die Anderen (wen eigentlich?) wie ein Kind an die Hand nehmen und in eine – wirklich nur eine – Richtung führen. Diese unhinterfragte Annahme der Grundsätze im Rahmen eines Leitbildes würde die Liquidation des Individuums und seines Denkens bedeuten und dazu führen, die Friedensdenkschrift der EKD als reine *Lehre* im Sinne einer Ideologie und eines vereinheitlichenden „Denkens“, das dann lediglich auf ein strategisches Mittel der Befolgung reduziert ist, zu verstehen. Dieses Verständnis käme einer Weltanschauung gleich und geriete unter den Verdacht eines totalitären Denkens. Das Problem ist nicht unbedingt, dass hier *ein* Weg impliziert wird. Das Plädoyer etwa für Gewaltfreiheit kann sich durchaus als der einzige gangbare Weg herausstellen. Wer aber die reflexive Instanz des „Sich-Orientierens" zugunsten einer Steuerungsinstanz, sei es durch eine Schrift oder einen Herrschaftsapparat, geradezu mechanistisch einebnet, dem unterliegt ein Perspektivwechsel, der nicht nur erkenntnistheoretisch und moralisch brisant ist, sondern vor allem auch politisch.

Wenn es aber darum gehen soll, auch erkenntnistheoretisch in Anknüpfung an die Aufklärung für ein Orientierungswissen zu werben, dann wäre die Voraussetzung die „Liquidation der Weltanschauungen" (Adorno 1973, S. 93, 118, 121; Arendt 1987, S. 700f., 717), die Anerkennung der grundsätzlichen Pluralität und Beziehung zwischen den Menschen (Arendt 1981; Schües 2012) sowie die Inanspruchnahme eines unabgeschlossenen Erkenntnisprozesses und eines denkerischen Ringens um ein Verständnis des gerechten Friedens sowohl auf allgemeiner, als auch auf mittlerer oder lokaler, konkreter Ebene. Somit plädiere ich für einen Orientierungsbegriff, der Erkennen und Handeln als nicht vernachlässigbare zwei Pole in sich trägt, und somit notwendig in die zeitliche Triade von Vergangenheit, Gegenwart und Zukunft eingebettet ist. Doch jedem Erkennen und jeder Wissensordnung liegt immer auch eine Sinnstiftung dessen, was wahrgenommen und erfahren wird, zugrunde. Und jede Handlungsnorm hat immer auch mit der Frage zu tun, in welcher Welt wir leben wollen. Sinnbildung ist ein Prozess, der die Seite der Erkenntnis und die der Handlungsnorm verknüpft. Handlungen haben Sinn, wenn wir sie verstehen; Erkenntnisse brauchen ihren Bezug auch zur Praxis. Moses Mendelssohn, der den Begriff der Orientierung einführte, stellt folgende Verhältnisbestimmung auf, die Bezüge, ohne sie zu trennen oder zu verschmelzen, zu klären vermag: „Aufklärung verhält sich zur Kultur wie überhaupt Theorie zur Praxis; wie Erkenntnis zur Sittlichkeit; wie Kritik zur Virtuosität" (Mendelssohn 1974 [1784], S. 5). André Munzinger verweist auf die Sinnbildungskompetenz, die sich Mitglieder der Kirchen aneignen können. Das spezifisch protestantische Selbstverständnis des gerechten Friedens setze noch einmal andere Schwerpunkte als eine weltbürgerliche Bildungsperspektive, die die Herausforderung anzunehmen hat, „Übergänge und ethische Übersetzungsmöglichkeiten zwischen Kulturen und Religionen" sinnhaft mitzugestalten.

Unabdingbar allerdings müssen Grund und Regel, Erkennen und Handeln, Denkschrift und Leitbild ausdifferenziert bleiben, denn wer vorschnell meint, einen Konsens über die allgemeinen Gründe gefunden zu haben und sich dann über die Dissense hinsichtlich der Handlungsoptionen wundert, sitzt dem Platonischen Dictum auf, dass wer das Richtige erkennt auch richtig handeln würde. Diejenigen also, die kritisieren oder beklagen, die Denkschrift habe als Leitperspektive versagt, weil Stellungnahmen und Handlungsentscheidungen nicht eindeutig von ihr abzuleiten sind und vielleicht, je nach Interpretation, von ihr abweichen, vergessen, dass im Erkenntnisbereich Interpretationswege und Sinnauffassungen unterschiedlich sein können, oder glauben, dass richtiges Orientierungswissen *umstandslos* zu klaren oder guten Entscheidungen, Stellungnahmen oder Handlungsratschlägen führen würde.

Schon Aristoteles (2006 [349 v.Chr.]) wusste, dass diese Verbindung von Erkenntnis und Handlungsnorm von Menschen nicht notwendig eingesehen und befolgt wird. Sie können erkennen, dass etwas falsch ist, aber dennoch nicht entsprechend handeln, sei es aus einem System heraus, aus Zwang, Herrschsucht, Dummheit oder sogar Böswilligkeit. Dennoch plädierte er für die Eingewöhnung in die moralische Klugheit (*areté*). Seitdem, und besonders unter der Ägide des utilitaristischen Denkens, das nicht die Haltung des Handelnden (Klaus Ebeling) im Blick hat, sondern vor allem die Konsequenzen einer Handlung, ist die Rolle der Ethik und hier insbesondere der Friedensethik prekär geworden. Gerade in Konfliktfällen scheint der Impuls instrumentell und funktionierend zu handeln, besonders stark. Der Anspruch, zuerst einmal einen Krieg oder einen militärischen, gewaltvollen Konflikt zu befrieden, hat noch nicht notwendig den gerechten Frieden im Blick. Erst wenn dieser in die Zielperspektive rückt, können die Fragen und Aspekte, die in der Friedensdenkschrift der EKD formuliert sind, in einem allgemeinen Diskurs oder in einer konkreten Stellungnahme, wie zu Afghanistan, thematisiert werden.

Verträgt die Friedensdenkschrift Dissense? – fragt Roger Mielke. Er hat diese im Zusammenhang der Verfassung der Stellungnahme zum Einsatz in Afghanistan (EKD 2013) beobachtet und verortet sie auf der mittleren Ebene der normativen Regeln sowie der Lagebeurteilung, was konkret in dieser Situation zu tun sei. Welches Bild der Friedensdenkschrift haben wir hierbei im Kopf? Ist es ein Leitbild, welches Sprünge bekommt, sobald jemand an der polierten Oberfläche kratzt? Oder ist es vielleicht doch eine Denkschrift, die demokratisch geläutert und auch für die säkulare plurale Öffentlichkeit geschrieben, zum Denken und zur Sorgepraxis auffordert, also zu einer Sorge, die wie jedes Sorgen ein vieldimensionales Erkennen voraussetzt? Wer die Friedensdenkschrift als endgültiges festgeschriebenes Wissen auffasst, würdigt nicht die Relationalität der Begriffe von Frieden und Gerechtigkeit, wie Reiner Anselm eröffnend, aber ohne verdeutlichende Entfaltung, erwähnt, und lässt auch die Unabgeschlossenheit des gerechten Friedens außer Acht.

Ich denke, es wäre konsensfähig zu sagen, dass, wenn ein Dissens zur *Des*orientierung – also zur Verstellung oder zum Mangel von Wissen, zur Verhinderung von Erkennen und zum Erfahrungsschwund sowie zur Anleitung von Gewalt und Verletzung – führe, die Friedensdenkschrift sowohl als Denkschrift als auch als Leitbild ihren Sinn verfehlen würde. Wenn aber ein Dissens wie auch ein Konsens zur Neuorientierung oder zur Umorientierung weg von Krieg, Gewalt und Verletzung hin zur Orientierung *zum* gerechten Frieden führen, dann mögen sie Teil des Konzeptes gerechter Frieden sein. Die Frage allerdings, wie eine Umorientierung auszusehen hätte, kann nicht in aller Eindeutigkeit und Einheitlichkeit vorgestellt werden. Die Aufgabe der (Um-)Orientierung oder auch Neuorientierung, mit Hannah Arendt im Sinne des Neuanfanges im Miteinander gedacht, muss den gerechten Frieden als Weg und als Ziel verstehen.

Die in der Stellungnahme zum Einsatz in Afghanistan formulierten Normen wie der Schutz vor Gewalt, die Förderung von Freiheit, der Abbau von Not sowie die Anerkennung kultureller Verschiedenheit benötigen selbst noch einmal eine epistemische Fundierung. Was heißt in diesem Zusammenhang Schutz oder Freiheit, Not oder kulturelle Verschiedenheit? Was genau soll dann perspektivisch geschützt oder gefördert werden? In diesen stets zu wiederholenden Wissensfragen geht es sowohl um eine Widerständigkeit gegen Ideologie und Weltanschauung als auch um die Erkenntnis und die Entwicklung von Handlungsnormen entsprechend der erneut zu reflektierenden Grundsätze in der Friedensdenkschrift, um hieraus prozessual ein Leitbild zu entwickeln. Die „Gabelungen" als Generierung einer friedenswissenschaftlichen Orientierung aus einer allgemeinen und einer konkreten Dimension heraus zu verstehen, hieße dann, sowohl die Vieldimensionalität als auch den Unterschied zwischen einer Denkschrift der epistemischen Orientierung und einem Leitbild im Sinne orientierender Handlungsnormen anzuerkennen und zu entfalten.

4 Beratung und Umorientierung

Wer sich beraten lässt, versucht die Desorientierung im Sinne einer Unerfahrenheit oder Unsicherheit bzgl. des eigenen Wissens oder der Handlungsmöglichkeiten zu vermeiden und diese durch Wissensvermittlung oder Beratung in eine Orientierung zu verwandeln (vgl. Luckner 2005; auch Herbert Wulff in diesem Band). Widrigkeiten psychologischer oder machtpolitischer Art, Ungeschicklichkeiten oder Herrschaftsallüren verhindern oder schwächen bisweilen diese Interaktion der Beratung, vermögen aber dem eigentlichen Sinn oder der Notwendigkeit einer Beratung nichts anhaben.

Im Zusammenhang mit der Afghanistan-Stellungnahme (EKD 2013) ist auch der zeitliche Aspekt und die jeweilige Situation zu berücksichtigen: Wenn die Kirche, für die nicht klar ist mit wie vielen Stimmen sie auftreten soll, oder Friedensforscher um eine Stellungnahme im Zusammenhang eines bereits andauernden und schweren Konfliktes oder Krieges gebeten werden, dann kann diese nur zu spät kommen. Das soll allerdings nicht heißen, dass Stellungnahmen, Kommentare oder weitere Beiträge von Kirche, Friedensaktivisten oder -theoretikerinnen nicht eingeholt werden sollten, sondern dass die Gespräche und Beratschlagungen zeitlich relativ zur bereits schwierigen und konfliktreichen Situation gesehen werden müssen. Die Denkschrift für einen gerechten Frieden beschreibt zwar einen Prozess und einen Weg und beinhaltet sogar den zum Teil umstrittenen Passus der rechtserhaltenden Gewalt, aber das heißt noch nicht, dass sie in einem konkreten Fall Handlungsanweisungen geben kann, wie von einem ungerechten Krieg – Kriege sind immer ungerecht, mindestens für eine Seite, mindestens für die jeweils von Gewalt und Verletzung betroffenen Menschen auf beiden Seiten – hin zu einem gerechten Frieden *um*orientiert werden kann. Kriege und gewaltförmige Konflikte sind das Ergebnis von Desorientierung – im Sinne von falscher Orientierung – und bedürfen der Um- oder Neuorientierung. Die Findungs- und Formulierungsprozesse dieser Orientierungen benötigen die Denkschrift im Sinne der Erkenntnis und des reflexiven Wissens, um erst einmal den Boden vorzubereiten, auf dem dann Handlungsnormen im Sinne eines Leitbildes überhaupt formuliert werden können. Deshalb wäre eine Fokussierung auf den gerechten Frieden als Leitbild im Sinne einer Handlungsform vorschnell und womöglich unbegründet. Vielmehr sollte der Begriff der *Denkschrift* im Sinne einer Orientierung des Denkens und Erkennens mindestens gleichermaßen ernst genommen werden und im Fragebereich „Was können wir wissen?" und „Was sollen wir tun?" bleiben. Im Zusammenhang der Heidelberger Thesen (1959) konnte hinsichtlich der massiven atomaren Aufrüstung eine einstimmige friedensethische Position der Evangelischen Kirche Westdeutschlands gefunden werden. Hierbei geht es um klare Thesen gegen atomare Rüstung und dafür, dass atomar gerüsteten Staaten die Notwendigkeit einer Friedensordnung nahegebracht und den nicht atomar gerüsteten Staaten geraten wird, diese Rüstung nicht anzustreben (These 10). Diese Klarheit konnte ausgedrückt werden, weil es um eine präzise umrissene Vorstellung der Ächtung von Atomwaffen geht. Die Denkschrift des gerechten Friedens fordert auf zur Erkenntnis-, Reflexion- und Wissensordnung, die ihrerseits friedensethische Handlungsnormen impliziert. Nehmen wir den doppelten Genitiv im Titel Orientierung *des* gerechten Friedens ernst, dann wird hier einerseits auf die Aufgabe gedeutet, dass die Konzepte und Maxime eines gerechten Friedens zu gestalten, auszuhandeln und zu orientieren seien, und andererseits, dass der gerechte Frieden selbst als Denkschrift und Leitbild zu verstehen sei. Welche Rolle der religiöse Faktor (André Munzinger) und die theologischen Begründungsleistungen (Reiner Anselm) über die säkularen Diskurse hinaus hier einnehmen können, ist eine dringliche und herausfordernde Frage für die christlichen Kirchen. Die Aushandlung, was die *spezifischen* Orientierungsleistungen der Kirche sein könnten, wird im stets offen zu haltenden innerkirchlichen Dialog und inkludierenden religiösen, politischen, gesellschaftlichen Polylog zu klären sein. Auch in diesem Sinne bleibt der gerechte Frieden eine unendliche Aufgabe.

Literatur

Aristoteles. 2006 [349 v.Chr.]. *Nikomachische Ethik*. Reinbek bei Hamburg: Rowohlt.

Arendt, Hannah. 1981. *Vita Activa oder Vom tätigen Leben*. München: Piper.

Arendt, Hannah. 1987. *Elemente und Ursprünge totaler Herrschaft*. München: Piper.

Adorno Theodor W. 1973. *Philosophische Terminologie. Bd. 1*. Frankfurt a. M.: Suhrkamp.

Evangelische Kirche in Deutschland (EKD). 2007. *Aus Gottes Frieden Leben – für gerechten Frieden sorgen. Eine Denkschrift des Rates der Evangelischen Kirche in Deutschland*. Gütersloh: Gütersloher Verlagshaus.

Evangelische Kirche in Deutschland (EKD) (Hrsg.). 2013. *„Selig sind die Friedfertigen". Der Einsatz in Afghanistan: Aufgaben evangelischer Friedensethik. Eine Stellungnahme der Kammer für Öffentliche Verantwortung der EKD*. Hannover: Kirchenamt der EKD.

Heidelberger Thesen. 1959. I*n Frieden wahren, fördern und erneuern. Eine Denkschrift der Evangelischen Kirche in Deutschland*, hrsg. von der Kirchenkanzlei der EKD, 76-87. 2. Aufl. 1982. Gütersloh: Gütersloher Verlagshaus.

Kant, Immanuel. 1977 [1786]. Was heißt: Sich im Denken orientieren. In *Immanuel Kant. Schriften zur Metaphysik und Logik 1, Werkausgabe Bd. V*, hrsg. von Wilhelm Weischedel, 265-283. Frankfurt a. M.: Suhrkamp.

Luckner, Andreas. 2005. Drei Arten, nicht weiterzuwiesen. Orientierungsphasen, Orientierungskrisen, Neuorientierungen. In *Orientierung*.

Philosophische Perspektiven, hrsg. von Werner Stegmaier, 225-241. Frankfurt a. M.: Suhrkamp.

Mendelssohn, Moses. 1974 [1784]. Über die Frage: was heißt aufklären? In *Was ist Aufklärung?*, hrsg. von Ehrhard Bahr, 3-8. Stuttgart: Reclam.

Schües, Christina. 2012. Conditio humana – eine politische Kategorie. In *Politische Existenz und republikanische Ordnung im Denken von Hannah Arendt*, hrsg. von Karl-Heinz Breier u. Alexander Gantschow, 49-72. Baden-Baden: Nomos.

Thomä, Dieter. 2005. Selbstbestimmung und Desorientierung des Individuums in der Moderne. In *Orientierung. Philosophische Perspektiven*, hrsg. von Werner Stegmaier, 289-308. Frankfurt a. M.: Suhrkamp.

Autorinnen und Autoren

Reiner Anselm, Dr. theol. habil., Professor für Systematische Theologie und Ethik an der Ludwig-Maximilians-Universität München und Vorsitzender der Kammer für Öffentliche Verantwortung der Evangelischen Kirche in Deutschland

Klaus Ebeling, Projektleiter am Institut für Theologie und Frieden in Hamburg und Lehrbeauftragter am Wirtschafts- und Sozialwissenschaftlichen Fachbereich der Universität Potsdam

Roger Mielke, Dr. theol., Referent für Fragen Öffentlicher Verantwortung im Kirchenamt der Evangelischen Kirche in Deutschland und Geschäftsführer der Kammer für Öffentliche Verantwortung der Evangelischen Kirche in Deutschland

André Munzinger, Dr. theol. habil., Professor für Systematische Theologie mit Schwerpunkt Ethik an der Christian-Albrechts-Universität zu Kiel

Christina Schües, Dr. phil. habil., Professorin für Philosophie am Institut für Medizingeschichte und Wissenschaftsforschung an der Universität zu Lübeck sowie außerplanmäßige Professorin am Institut für Philosophie und Kunstwissenschaft an der Leuphana Universität Lüneburg

Ines-Jacqueline Werkner, Dr. rer. pol. habil., Wissenschaftliche Mitarbeiterin an der Forschungsstätte der Evangelischen Studiengemeinschaft e. V. in Heidelberg und Privatdozentin am Institut für Politikwissenschaft an der Goethe-Universität Frankfurt a. M.

Herbert Wulf, Prof. em. Dr. phil., ehem. Projektleiter am Stockholm International Peace Research Institute (SIPRI), Gründungsdirektor des Bonn International Center for Conversion und Fellow am Institut für Entwicklung und Frieden an der Universität Duisburg/Essen

Zeitfracht Medien GmbH
Ferdinand-Jühlke Straße 7
99095 Erfurt, Deutschland
produktsicherheit@kolibri360.de